マタギに学ぶ
登山技術

山のプロが教える古くて新しい知恵

工藤隆雄

ヤマケイ新書

マタギは再生文化の先駆者

まえがきにかえて

いまから三〇年ほど前、山は排気ガスなどによる酸性雨のために樹木が枯れたり、山を削り林道をつくるなどしたため、土砂崩れや沢の汚染が起きるという環境問題が繰り返し起きた。このまま無駄な開発が進んだら将来の環境はどうなるのだろう、と不安に思うばかりだった。

そんなときにたまたま知ったのがマタギだった。最初は熊を捕る山人という印象しかなかったが、行動を共にし、話を聞いているうちにもっと早く知っておけばよかったと思った。なぜかといえば、マタギは再生できるものしか捕らない、食べないという主義だということがわかったからだ。熊でいえば、大人は捕るが、子どもは捕らない。見つけても逃がし大人になったら捕る。そうすれば、熊は増えることも絶えることもない。茸や山菜も同じで多くは採らない。欲張らずその日食べられる分を間引くように採る。そうすれば勢いが弱まらず来年も再来年も採れる。こうしてマタギは自然と対話しながら再生社会を何百年、いや縄文時代から千年以上も続けてきたのである。

その点、現代はどうか。欲求の追及のあまり自然を破壊する開発を繰り返し、消費優先の社会になってしまった。行き着く先は目に見えていないか。こんな現代にこのマタギが大切にしてきた再生文化はぜひとも必要と思い、一人でも多くの人に知ってほしかった。そのため取材を続けて、いまから二九年前の一九九一年に初代『マタギに学ぶ登山技術』を上梓した。

その一七年後の二〇〇八年にリニューアルすることになり、若干の訂正を加え改訂版を上梓した。それから一二年後の今年、二度目のリニューアルをすることになり、みたびこの本の存在を世に問うことになった。

リニューアルのために改めて読み返して思ったことは、さすがに写真やイラストの古さは感じたが、どうしても伝えたかった自然を壊さない歩き方をはじめ、来年も再来年もその先も採れる山菜の採り方などマタギたちから聞いた彼らの再生文化はいまでも大切な考え方だと確信した。いまとなってはマタギで生きている人は誰もいないが、彼らの生き方・考え方はこれからますます必要になるのではないかと思う。

さらに自然破壊が進まないためにもマタギたちの自然との対話に耳を傾けてもらい、どうしたらよりよい自然を保てるか考える時間を少しでももっていただければ、二度目のリニューアル版を上梓した者としてこれ以上本望なことはない。

目次

第3章／着実にしかも自然を壊さずに歩く術

第4章／軽快に山を歩くためのウエアと道具

第5章／マタギ料理はダイエット料理

第6章／山中で快適に暮らす術

第8章／マタギ流SOSからの回避

カバー・本文デザイン＝尾崎行欧、宮岡瑞樹、本多亜実（oi-gd-s）
本文写真＝板垣昌孝、矢川健、鈴木幸成、工藤隆雄
本文イラストレーション＝木部一樹
校正＝五十嵐柳子　編集＝鈴木幸成（山と溪谷社）

第1章

マタギは私たち登山者の大先輩

マタギって何だろう

山の神に見守られながら熊も山菜も再生物以外捕らない北の狩人たち

初めてマタギという名を聞いたとき、妙な名前だと思った。山のなかで熊などの獣を捕る恐ろしげな猟師だと想像したが、どこに住み、どのように猟をしたのか皆目見当がつかなかった。

しかし、『秋田マタギ聞書』（武藤鉄城）や『マタギ』（戸川幸夫）などを読むうちにマタギは単なる猟師ではなく、大昔から厳しい掟を重んじながら猟をする人たちだとわかった。マタギがいた所はいまでいえば、主に秋田を中心にして青森、岩手、宮城、山形など東北地方の山間部が多かった。一説には四国や九州でも「マトギ」と呼ばれた猟師がいたといわれている。

マタギのことを一番早く考証したのは三河出身の旅行家兼博物学者で二〇〇年以上も前の江戸時代後期に秋田や青森、北海道を訪れた菅江真澄だった。菅江は自著の『十曲湖』に「こっそり猟をしていた木こりに何をしていると聞くと、マダ（シナノキ）の皮を剝《は》いでいるといったので猟師を

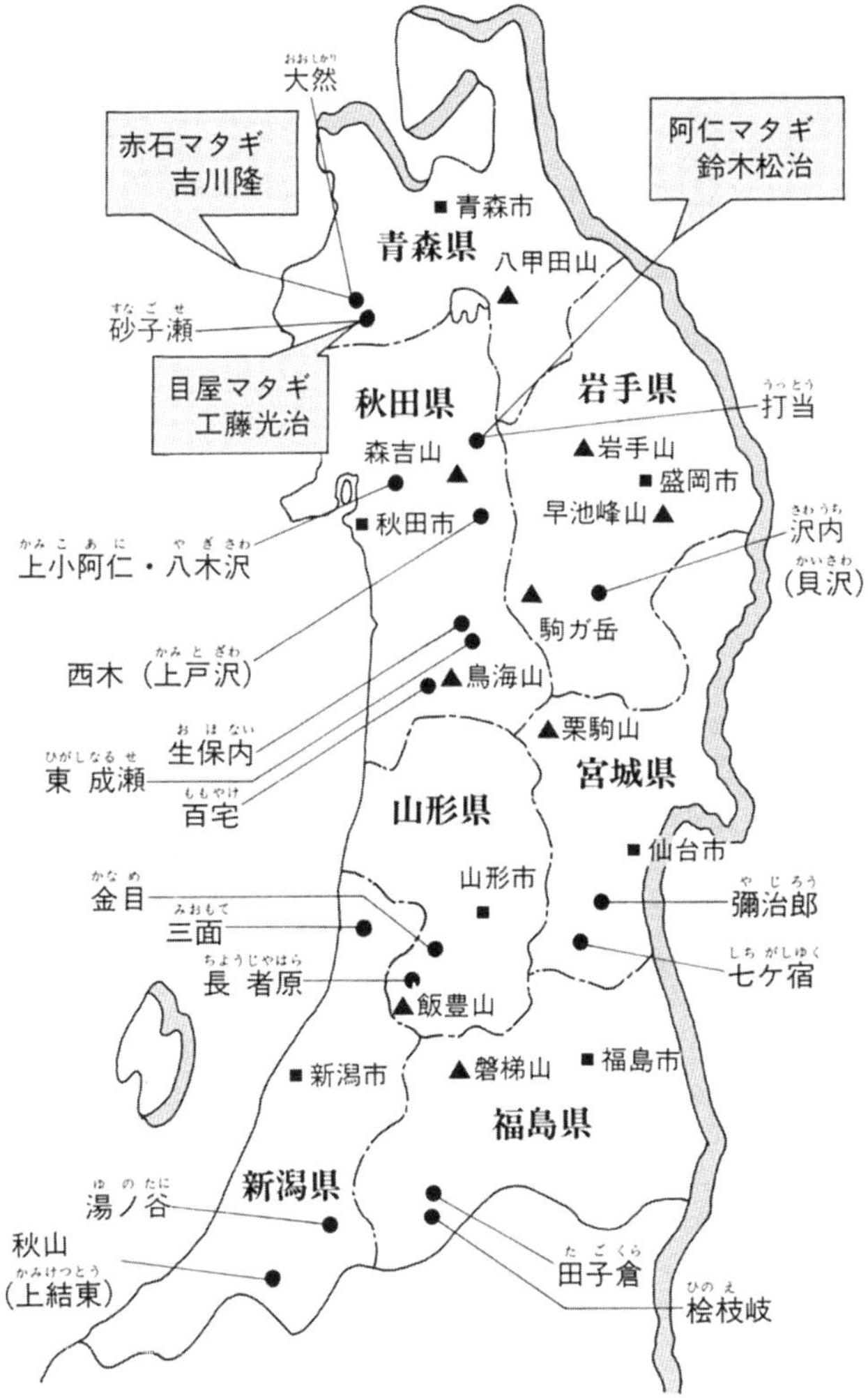
大然《おおしかり》
赤石マタギ
吉川隆
阿仁マタギ
鈴木松治
■青森市
青森県
八甲田山
砂子瀬《すなごせ》
目屋マタギ
工藤光治
秋田県
岩手県
打当《うっとう》
森吉山
岩手山
盛岡市
秋田市
早池峰山
沢内《さわうち》
上小阿仁《かみこあに》・八木沢《やぎさわ》
(貝沢《かいさわ》)
駒ガ岳
西木（上戸沢《かみとざわ》）
鳥海山
栗駒山
生保内《おぼない》
東成瀬《ひがしなるせ》
宮城県
百宅《ももやけ》
山形県
仙台市
金目《かなめ》
山形市
彌治郎《やじろう》
三面《みおもて》
七ケ宿《しちがしゅく》
長者原《ちょうじゃはら》
飯豊山
新潟市
磐梯山
福島市
福島県
新潟県
湯ノ谷《ゆのたに》
秋山
(上結東《かみけつとう》)
田子倉《たごくら》
桧枝岐《ひのえ》

マタギの分布図（マタギ資料館の資料に基づく）

マダハギと呼びそれがマタギになったようだ」などと書き残している。

『遠野物語』で知られる民俗学者の柳田国男は『山の人生』に「……二股の木の枝を杖にして、山中を行くような宗教上の習慣でもあって、こんな名称を生じたのではないかとも思うが、彼ら自身は何と自ら呼ぶかを知らぬから、いまだにこれを断定することができぬのである」と書いている。

同じく民俗学者の宮本常一は『山に生きる人びと』に「狩人をマタギというのは又木から来ているかと思う。又になっている木の枝を使用して獲物を追うたことから、狩を又木とよび、狩人をマタギともよぶようになったのではないかと思う」と記している。これら以外にはアイヌ語のマタウンパ（雪山で狩をする意）に由来しているとか山の峰々をまたにかけて歩いたからマタギと呼んだとか諸説ある。

青森県中津軽郡西目屋村の目屋マタギの工藤光治さんは「本当は殺生などしたくなかった。しかし、山で生きるためには獣を殺して売らなければならなかった。殺すたびに鬼のような気持ちにならなければならない。また鬼《き》になる。それがマタギになったといわれていますよ」と話した。

マタギの始祖万二万三郎は室町時代の伝説の人

マタギには先祖代々から受け継がれている「山達（マタギの意）根本之巻」（13ページの写真）という巻物がある。これはマタギのなかでも組のシカリ（統率者）しか持てないもので、猟に出る

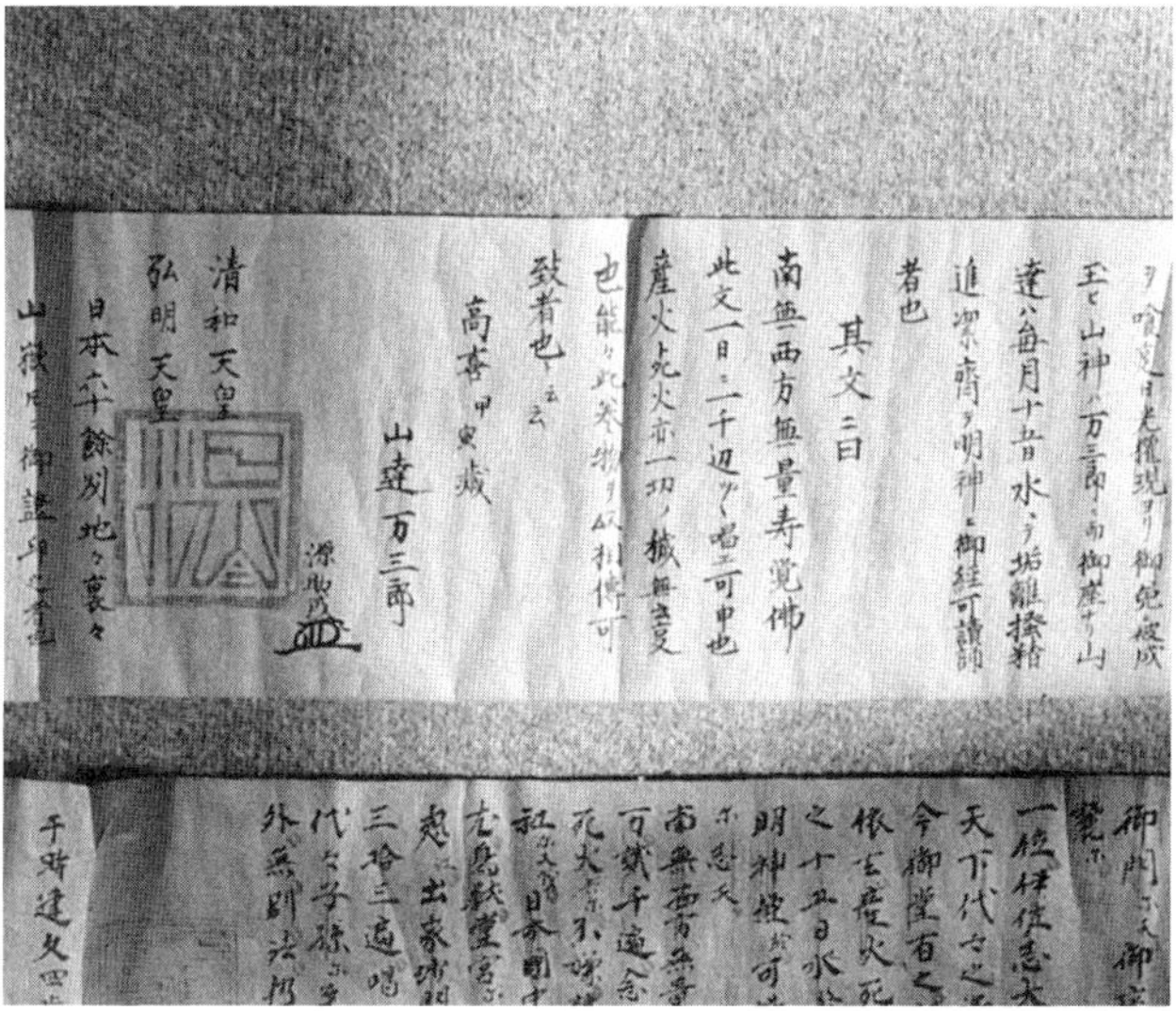

古くから伝わるマタギの免許皆伝の巻物「山達根本之巻」

ときはかならず持参した。いわば狩猟免許証のようなものでマタギの由来と権威が記されている。伝説によると、マタギの始祖は一人の名前だとする説もあるが、万二《ばんじ》万三郎《ばんざぶろう》（磐次磐三郎とも書く）の兄弟ともいわれている。

なかでも万三郎は室町時代、下野国《しもつけのくに》日光山の麓に住んでいた猟師で弓の名手だった。当時、日光権現と上野国《こうずけのくに》赤城明神は戦を繰り返していた。赤城明神は巨大なムカデに化身し、いつも日光権現を攻め負かしていた。それに業を煮やした日光権現は万三郎にムカデを退治してほしいと頼んだ。すると、万三郎はムカデの両目を弓で射抜いて退治してしまった。すると日光権現はおおいに喜び、万三郎に日本全国の獣を捕ることを許した。その許可証が「山達根本之巻」でその巻物を精神のよりどころにし、猟を繰り返し行った。

その後、万三郎は山形、宮城を北上し、やがて熊などの獣が豊富な秋田に腰を落ち着けたといわれている。そのため秋田の打当《うっとう》、比立内《ひたちない》、根子《ねっこ》のいわゆる阿仁《あに》マタギと呼ばれるマタギたちは万三郎の直系だと自負している。

マタギの心のよりどころ、山の神

マタギが山に入るときに敬うものは山達根本之巻のほかに山の神（15ページの写真）がある。山には山の神がいて獲物はこの神が授けてくれると考えていた。なぜかこの神は醜女で焼きもち焼き、しかも好きなのが男根とオコゼの干物という奇怪な魚なのだそうだ。

マタギたちが山に入る日が近くなると、この神の機嫌を損ねないように妻と同衾しないとか髭を剃るとか、新しい下着を着るなど細心の注意を払った。そして、いよいよ山に入るときは入り口でオコゼの干物を懐からチラリと出して山の神に見せた。すると、山の神は自分より醜いものがあるとおおいに喜んで獲物を与えてくれるのだという。実に奇妙な神を祀ったものである。

しかし、これにはそれなりの理由があったように思われる。猟の安泰を祈願すると同時に山には怖い神がいると想定することによってマタギが乱獲をしないようにしたためだったのではないか。

山の神とオコゼ

マタギはいわずと知れた狩猟のプロである。捕ろうと思えばいくらでも捕れる。しかし、好きなだけ捕ってしまえば、根絶やしにしてしまう。そうなると、自然が荒れるだけでなく、自分たちだけでなく、子々孫々まで食べられなくなってしまう。やはり大切なのは、一方的に消費するだけではなく、子々孫々が繰り返し食べられる再生する方法である。その再生方法を守り、監視するためにも山には怖い山の神がいると考えたのではないだろうか。そしてそれが長年の猟で行き着いたマタギの一番よいやり方だと思ったのではないか。

マタギはいまとなっては後継者不足などでほとんどすたれてしまったが、日本古来続いた正統派の狩猟の民であったことは間違いない。

猟は厳しい掟から始まる

命懸けで行われる熊狩り。緊張の連続だけに獲物が捕れたときは嬉しい

マタギの猟には、ひとりで行うひとりマタギ（忍び猟）や鷹を使って行う鷹狩り、そしてマタギが何人か組んで行う方法がある。このなかでも最もマタギらしい猟は何人かで組んで行う方法。人数は時によって違うが大体七、八人から一〇人くらいがよいそうだ。あまり少なすぎても多すぎても猟に支障をきたす。

マタギの猟で興味深いのはさまざまな決まりがあり、それに縛られていたということだ。それは猟の一週間前から始まっている。奥さんと同衾しないとか宴会に出席しないなどということが暗黙のうちに決められていた。そして、出発の日には頭から水を被り、シカリの家に集まっては神棚の山の神に詣でて収穫と無事を祈願した。

決まりは何も出発するときだけではなかった。歩きながらあくび、歌、咳払いなどすることは一

巻き狩りと呼ばれる熊狩り方法

切禁じられていた。話をするときも低い声でしなければならなかった。これらの決まりを破ると、シカリから家に帰ることを命じられた。シカリの権力は絶対だったのである。

さらには言葉もふつうの言葉は話さず山言葉といってマタギにしか通用しない言葉を話さなければならなかった。マタギの組によって違うが、熊をイタズ、カモシカをアオシシなどと呼んだのがその例である。とはいっても、現在はこれらの決まりや言葉は場所によるが、ほとんど使われていないという。阿仁のマタギでも大正の初年あたりまでだったそうだ。

しかし、これら厳しい決まりや言葉は何のためだったのだろうか。山の神に対する配慮とか熊などに知られないためだとかいろいろな説はある。が、結局は鉄砲を持った男たちの集まりであるために厳しい戒律がなければ統制できなかったためではないか。言葉も同じようなことで、ごく親しい人たちだけに通じる言葉を使い、横のつながりを大事にしたのだろう。

厳しい決まりがあって初めて収穫の喜び

厳しい決まりはさておき、マタギの猟がいよいよ始まる。猟で代表的なのが「巻き狩り」と呼ばれる方法。シカリがマタギの配置を決め、号令ひとつでそれぞれの持ち場に散らばる。

ひとつは勢子といって熊を追い立てる役目。ひとつはブッパといってそれを待ち受けて稜線で撃つ射手である。シカリは勢子、ブッパがよく見える所に立って指示を与える。

獲物の熊を担ぐ赤石マタギ（矢川健氏撮影）

熊が通りそうな山道を勢子が「ソーレァ、ソーレァ」といいながら上へ上へと追い立てる。勢子はベテランから初心者までさまざまだが、勢子の良否によって猟が決まるので責任重大だ。

ブッパは熊が現れるまで木の陰でじっと待っている。雪が降ろうが雨が降ろうがじっとしていなければならない。寒いときは引き金を引けなくなるので懐に手を入れて温めるのが常だ。

熊が現れるとシカリの「ブッパ、撃《ぶ》てぇ」という声がして初めて鉄砲が撃たれる。その結果、熊が獲物になるというわけだ。

熊の死が確認されると、撃った人あるいは一番近い所にいる人が「ショーブ、ショーブ（勝負）」と大きな声を張り上げる。熊を仕留めたことを仲間に知らせる言葉だ。すると、他のブッパや勢子など全員が集まってくる。そのとき、それまで緊張していた気持ちがほどけ、獲物の重さや年齢などを話し合う。

しかし、声高に話し合うマタギは誰もいない。すぐに緊張を取り戻し、全員で山の神に収穫の礼を述べる。それから山中で、あるいは熊を担いで山から下り、シカリの家の庭などで解体（ケボケ）をすることになる。

おもしろいのがわけまえ方法だ。シカリも年少者も関係なく、猟に参加したマタギが同じ分量を分け合うのである。この平等な分配方法をマタギ勘定というそうだ。

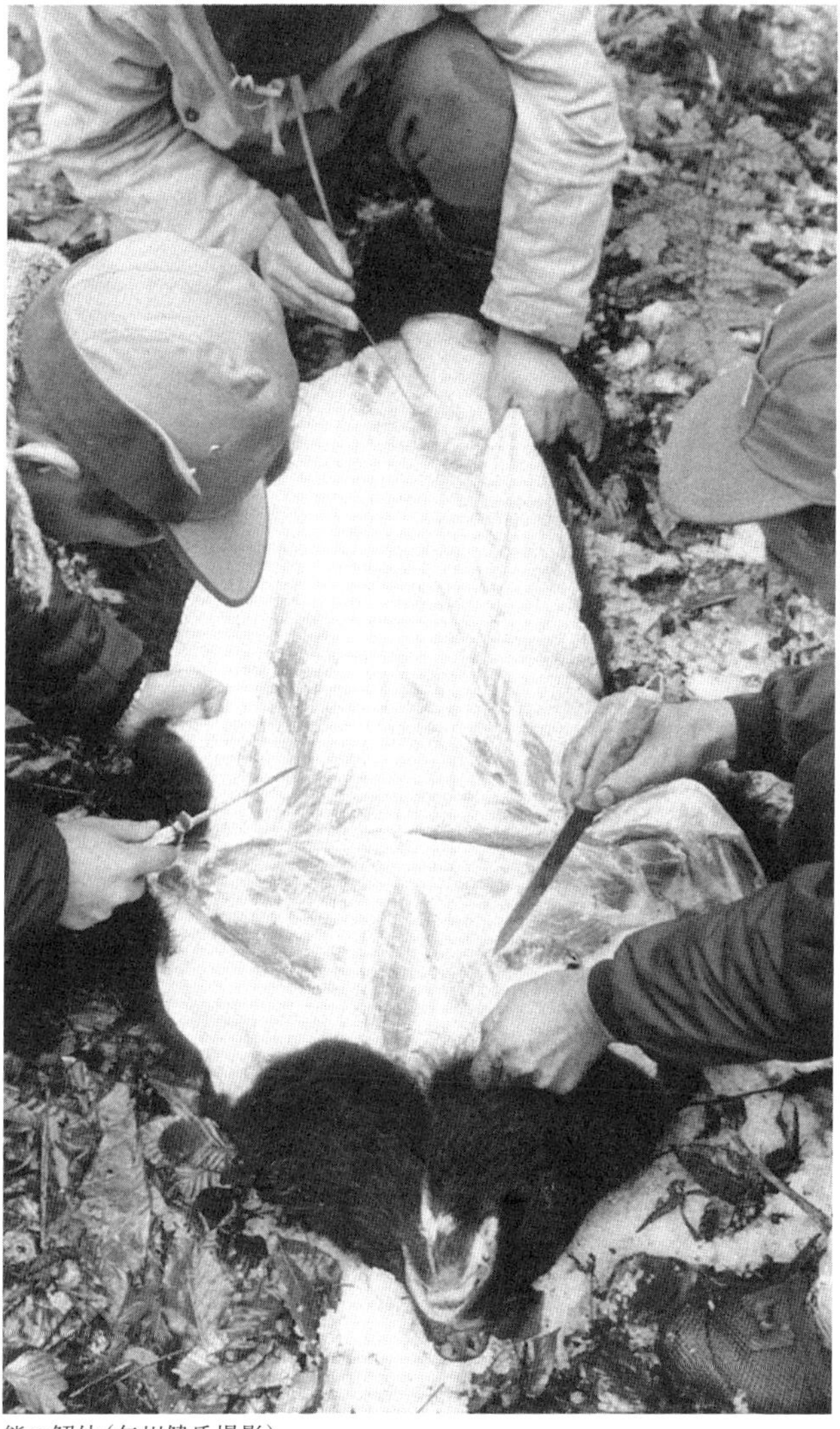

熊の解体（矢川健氏撮影）

マタギを正業にしている人は誰もいない

森林伐採による熊の減少や後継者不足などでマタギは消滅した

現在、マタギを正業にしている人は誰もいない。農業など何かしら本業をもって、時折、熊を獲りにいくことはあるが、鳥獣駆除という名を借りた作業に過ぎない。もはや本来の意味でのマタギはどこにもいない。ではいつ頃から、なぜマタギは減少したのか。いまから三〇年前の一九九〇年に話を聞いたとき、赤石マタギの吉川さんはこう述べた。

「以前、村には二〇人くらいのマタギがいたが、高度経済成長期以降、マタギだけで生活している人は誰もいなくなった。理由はいろいろあるが、マタギの後を継ぐ人がいなくなり、自然消滅したこともその理由のひとつ」

阿仁マタギの鈴木さんも「私が子どもの頃、村にはマタギが四〇人もいたが、後継者不足などさまざまな理由で三分の一に減り、年寄りばかり残った。今後のマタギはどうなるのだろう」と嘆い

マタギを行えない分、マタギツアーを行う元マタギもいる

ていた。マタギが減少したのは、後継者がいなくなったことが大きな原因になったようだ。では後継者が減った理由は何か。

「マタギはよほど山が好きでなければ続けられない仕事。猟は過酷で手が抜けない重労働でそれで金がいいかというと決してそんなことはない。生活できない。とくに若い人はやりたがらないです。きつい、危険、汚い、いわゆる三Kを代表するような仕事だからです」（吉川さんの話）

「捕れるか捕れないかわからない獲物を追って雪山で死ぬような目に遭うよりも、東京や大阪などに行って日雇いをしたほうがよっぽど楽に金を稼げるからです。昔はマタギで生きる方法しかなかったが、現在はいろいろな方法で金を稼げる。マタギはやってみると、これほどおもしろいことはないのですが」（工藤さんの話）

「昔と違って熊を捕ってもあまり高く売れなくなった。売れたとしても安くたたかれる。そのため猟に魅力を感じなくなったのも当然だし、受け継ごうとする人もあまりいなくなるわけです」（鈴木さんの話）

マタギが急減した理由は、高度経済成長期を境にマタギを行うより楽に金を稼げる工事現場などに従事したことが後継者不足につながったようだ。

後継者不足でもマタギ活動は続ける

しかし吉川さんらは、冬場は出稼ぎをしながらその後も細々とマタギを続けてきた。どんなに過酷でも自然のなかで生きることの素晴らしさを伝えたかったからだ。また、自分たちのマタギの系統を失わないためにそれぞれの子息を山に連れていっては、マタギの作法などを教えた。実際、鈴木さんの子息のように鈴木さん亡き後もマタギ文化を伝える仕事をしている人もいる。

だが、その一方で工藤さんたちはどんなにマタギを守っていこうとしても近い将来終焉を迎えることになるだろうとも話していた。それはブナ林の伐採などによる自然破壊が進み、熊をはじめ動植物が減少しているからだという。

「かつては炭焼きなどをしながらマタギをすることができた。しかし、最近は、伐採や林道建設のためにばかりに山がだめになりました。熊がめっきり減ったし、植物も荒れてしまいました」（工藤さんの話）

吉川さんも伐採や林道建設による山の荒れ方がひどいと話す。

「白神山地のいたる所で山が痛めつけられています。あちこちで伐採するものだから鉄砲水が出たり、崖崩れが繰り返し起きています。そのために川が汚れ、ひいては海もだめになります。このサイクルを営林署はわかっていない。林道をつくるときはマタギでも足を踏み入れない熊の繁殖地を平気で寸断してしまう。熊が減るわけです」

そんな自然破壊に拍車をかけようとしたのが、昭和六十年に持ち上がった青秋林道の建設案だった。この建設案に工藤さん、吉川さんらマタギたちは反対した。

「先祖代々続いてきたマタギができる環境を私たちの世代で終わらせることほどしのびないことはなかった。自分の仕事を放り出してまでも反対運動に参加しました」（工藤さんの話）

しかし、それは何もマタギのためだけの運動ではなかった。

「熊がいなくなるという環境の悪化はマタギだけでなく、すべての人間にはね返ってくるものです。自然環境が悪化すればいつかは人間も生きていけなくなることになる。そのことに気づいてほしかった」（吉川さんの話）

平成二年、彼らの反対運動の結果、青秋林道の工事は中止になった。そこには千年、いや、縄文の頃から脈々と続いてきたマタギ、そして自然のなかで生きてきた男たちの意地があった。

だが、マタギに対する受難はそれだけでは終わらなかった。

一九九三（平成十一）年に白神山地が世界遺産に指定されたが、一一年たった二〇〇四（平成十六）年、白神山地が鳥獣保護区に指定されてしまった。その結果、白神山地では一切の猟ができなくなった。それは国によるマタギ文化の否定だった。吉川さんは「完全に息の根を止められたようなものだ」といった。だが、吉川さんらは、猟ができないのならせめてマタギ文化を紹介したいと、同年に「あじがさわ白神山地ガイド倶楽部」を設立し、登山者を白神山地に案内しながらマタギの文化を紹介し、いまも続けている。

こんな具合に元マタギたちは、自分たちのやれる範囲でマタギ文化を継承しているが、最近、頻繁に熊が人里に出没するというニュースを聞くにつけ、肝心の自然環境はどうなっているのかと心配になる。

林野庁の調べによると、一九六六年、日本の森林の割合は天然林が七〇％、人工林が三〇％だった。しかし、五〇年後の二〇一七年には人工林が六三％、天然林が三七％と逆転している。実に人工林は六倍も増えたが、天然林は一・四五倍しか増えていない。木の実がなる天然林が必要な野生動物にとってよい環境とはいえない。こういう状況のため、餌を求めて熊は人里に下りてくるので

森林蓄積の推移（2017年3月31日）林野庁調べ

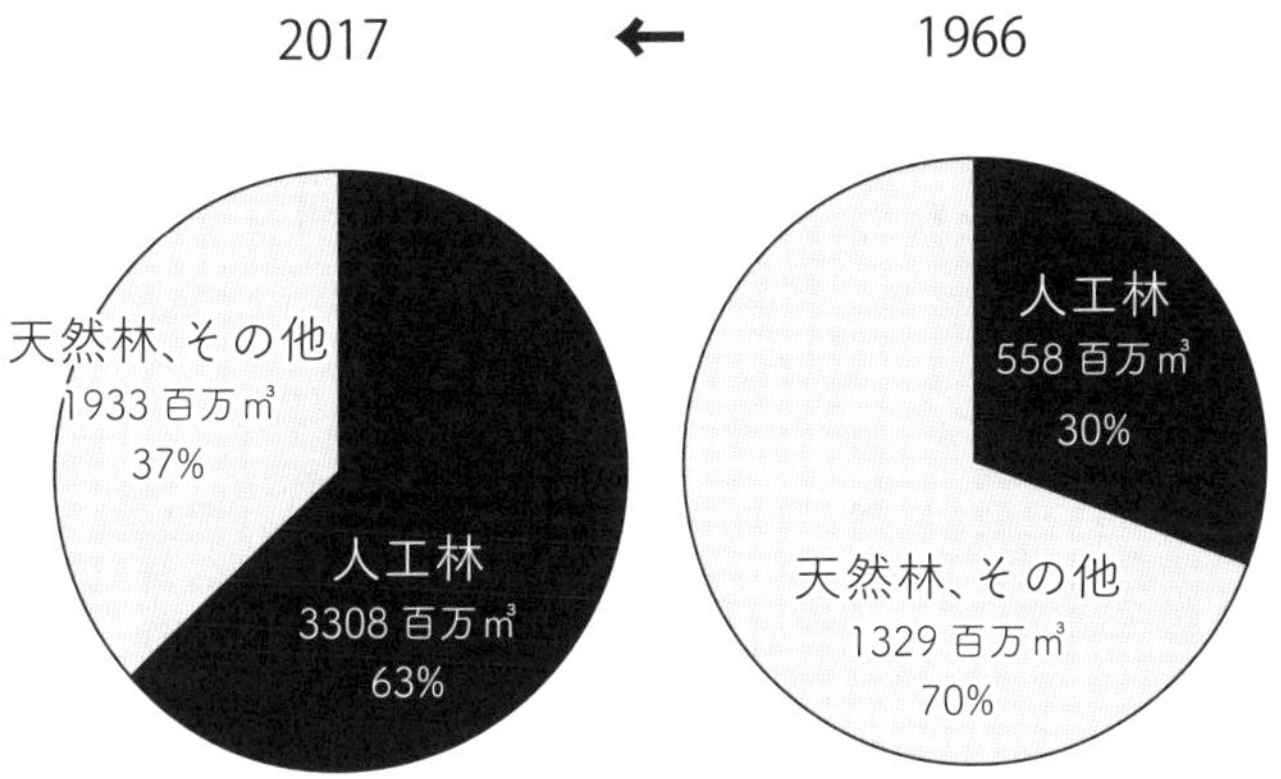

わずか50年で人工林と天然林の森林蓄積が逆転した

はないだろうか。

　また、以前はマタギがその山の熊の数を把握し、調整していたが、捕獲してはならないとなった。そうなると、熊は自然と増えるだろう。その結果、あぶれた熊は山から人里に下り、人々に被害を及ぼす結果になる。

　今後は人里に下りてきた熊を駆除してよしとする付け焼き刃的な対処をするのではなく、昔のように山のなかで熊の数を調整できるマタギを育てたり、ブナなど木の実のなる天然林を増やす方法をとるなど根本的なことをしないと、いつまでたっても人里に下りてくる熊による被害はなくならないのではないか。

二代目赤石マタギ

（青森県西津軽郡鰺ケ沢町）

吉川隆（よしかわ・たかし）さん。昭和二十五年、青森県西津軽郡鰺ケ沢町生まれ。熊の湯温泉を経営しながら白神山地のガイドをしている

吉川さんは小学生の頃、マタギのシカリ（統率者）をしていた父親の鉄砲を無断で持ち出し、ウサギ狩りにいった。しかし、撃った勢いでひっくり返りウサギには逃げられるわ、父親には叱られるわで散々な目に遭った。だが、山は好きでたまらなかった。

中学に入るとすぐに父親の組に入り、マタギ修業を始めた。最初大人の足についていけず、バテて半ベソを何度もかいた。しかし、中学三年のときにはすでにバテもせず大人と同様に歩いていた。父親譲りのマタギの血が全身を流れているのである。ちなみに吉川家は江戸時代初期から続いている赤石マタギで、彼は二一代目になるという。

中学を出ると地元の営林署に入った。が、伐採ばかりさせられる仕事に疑問を覚え、辞めてその後、農業や出稼ぎをしながら、農閑期にはマタギをするようになった。いままで捕獲した熊の数は四〇頭ほどだが、ひとりで捕ったのは一五頭ほど。吉川さんは山を駆け巡り、熊を捕っているときほど嬉しい時はないという。根っからのマタギである。

だが、この国は白神山地を開発目的で長大な道路をつくろうとした。青秋林道である。吉川さんらマタギたちは猛反対した。幸い中止になったが、一九九三年、今度は世界遺産に登録され、マタギの入山が制限された。そればかりか二〇〇四年には白神山地が鳥獣保護区になり、マタギが一切できなくなった。

「大昔から続いてきたマタギ文化が否定されたようなもので、このまま国に任せていたら、白神は荒廃の一途をたどるだけだ。私は山を案内して白神のよさをできるだけ知らせていく。それがいまの私に残された仕事だ」

第2章

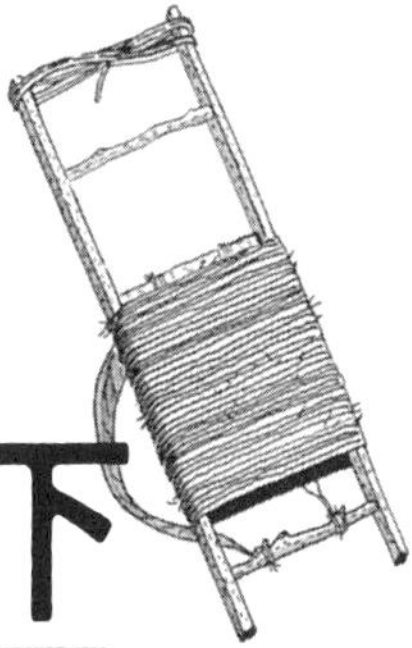

下界の摂生した生活がマタギの始まり

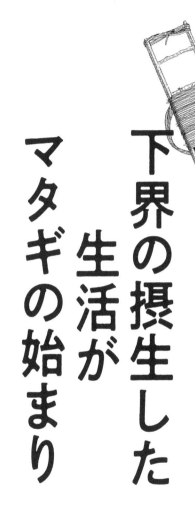

入山前の下調べは完全に

マタギは口伝てで山の情報を得た。現代登山者は山小屋などから情報を得よう

山の状況は常に一定していない。いつなんどき崖崩れが起きたり、橋が落ちていないとも限らない。そんな状況ばかりでなく、さまざまな山の状況を知らなくては不安が増すばかりである。マタギはどんな方法で猟に入る山の情報を得ていたのだろうか。

「基本的には同じ山に何度も入っているから、大体の様子は各人がつかんでいます。しかし、何か変化が起きると、発見した人が教えてくれます」

たとえば吉川さんがある沢で崖崩れを発見したとする。山のなかで仲間とすれ違うと崖崩れの話をして注意を促す。すると、それを聞いた人はまた違う仲間に話す。こうして口伝《くちづ》てでその日のうちにあっという間に情報が広がってしまうそうだ。いわば、マタギネットワークといったところ。

マタギは農作業の手伝いなどのときに情報を交換した

こんな具合にいろいろな情報が得られ、山に入る前の不安はかなり軽減される。熊の出没情報も同じ。誰彼となく見かけたという話が出るとすぐにも大体の居場所がわかり、熊狩りに出る日が煮詰まってくる。そこにはマタギの仲間意識というか信頼関係がある。

もっとも吉川さんがまだマタギの修業をしていた頃は、他のマタギは情報を積極的には教えてくれなかった。山の状況を知らないために不安を覚えながらマタギのあとをついていくだけだった。しかし、いつまでも不安がってばかりいたのではよくないと、吉川さんは事あるごとに先輩マタギに質問した。すると今度はきちんと教えてくれた。ただついていくマタギではなく、積極的な姿勢を見せた吉川さんを他のマタギも大人のマタギとして認めて質問に答えてくれたのかもしれない。そうやって知識を蓄えていき、いつの間にか一人前のマタギになった。

現代の登山者にマタギネットワークのような緻密な情報網がないのは残念だ。しかし、それに代わって情報を得る手立てはある。地図、ガイドブックはもちろん、インターネット、交通機関、地元警察や山小屋などだ。これらの資料や機関を積極的に利用して情報を集める。

とくに山小屋は小屋番の人たちが毎日のように登山道を登り下りしているので登山道には詳しい。最近では山小屋にも電話がつながるので下調べをするにはよいだろう。

交通機関もかならず調べる。調べないと運行時刻変更の関係で、次のバスまで何時間も待たされることになる。バスは登山者の減少に伴い、運行時刻変更のたびに年々本数が少なくなる傾向にあ

入山前には地図やガイドブックを調べて概要を把握する

るからだ。その結果、目的の場所に遅れて着くばかりでなく、慌てて怪我をしないとも限らない。

バスの運行時刻がわかったら、自宅を出発する時刻を逆算して割り出す。利用する電車の所要時間など少し余裕をもって引くと、大体の自宅を出発する時間がわかるのはいうまでもない。行動は計画的に行いたいものだ。

なお、関係各機関に問い合わせするときは何から何まで聞くのではなく、きちんとガイドブックなどで調べあげたうえでわからないことやチェックすることを聞くべきだ。

ある山小屋によれば、最近はガイドブックに書いてあることまで尋ねられて、忙しいときは迷惑しているという。

体調はいつも万全に①食事編

山は体が資本、肥らないようにし、牛乳などを飲んで体づくりに励む

マタギは肥《ふと》らないようにふだんの食生活に気をつけている。鈴木さんは腹八分目の食事を心がけているのはもちろんのこと、肥るのを嫌い酒を飲まない。肥ると腰や膝に負担がきて思うように猟ができないからだ。ちなみに肥ったマタギは「捨てマタギ」と呼ばれている。捨てマタギは猟の途中に決まってバテるのでバテたところでシカリから帰宅を命じられる。

吉川さんは身長一六七センチ、体重六〇キロ。贅肉はまったくなく、全身が筋肉といった感じだ。その吉川さんも肥るのを嫌い、ふだんの食事は腹八分目にしている。酒は飲むが、せいぜいビール一本程度で深酒は絶対にしない。

それほど気をつけているのに、猟の日程が決まると一週間前から油っこい食事は控える。

「マグロやハマチの刺身、ステーキなどは好きだけれど、山歩きで心臓が苦しくなった経験がある

山に入る一週間前はできるだけ油っこい食事は避ける

から食べないことにしている」

油っこいものを食べないだけでも体が軽くなり、山歩きが楽になるというから、登山者も実践してみてはいかがだろう。逆に、ふだんから摂取しておいたほうがよいものにはどんなものがあるだろうか。吉川さんはこう話す。

「なるべく体に油が残らないものを食べるようにしています。魚だったらサバの焼き魚、肉類だったら鶏肉という具合に。これら以外には新鮮な野菜だとか海藻類などを食べます。早い話が贅沢をしなければ肥らないと思いますよ」

医学的な面から食事はどうすればよいのだろうか。これに関してはヒマラヤなど高所登山の経験もある小泉典子医師はこう話した。

「登山は総合的な運動なのでカルシウムやタンパク質、脂肪などバランスのとれた食事をしてほしい。そのためにもお酒を控えめにして三度三度きちんと御飯と魚、生野菜、海藻類などを食べてください」

なかでも牛乳を多く飲み、カルシウムを摂取してほしいと話す。量は最低でも一日四〇〇CC。理由は最近とくに骨が弱い登山者が多くみられるようになったため。医学用語では骨粗《こつそ》鬆症《しょうしょう》と呼びカルシウム不足で転んだ拍子に簡単に骨が折れてしまうという。この症状はとくに中高年女性に多いというから思い当たる人はふだんから牛乳を飲んでおくことをすすめるという。

カルシウムをはじめタンパク質などバランスのよい食事を摂る

体調はいつも万全に②トレーニング編

少しずつ毎日続けて行えるトレーニングがベスト

マタギが本格的に猟をするのは冬と春。過酷な労働が待っている。しかし、そのために体を鍛えたかというとマタギはほとんどしないという。それはなぜかというと、冬や春以外の時期でも山菜採りや茸採りなどで何度も山に入っているため、山に入ること自体がトレーニングになっているからだ。あえていうならば鈴木さんは猟の前に体をならすために日帰りで裏山にウサギを狩りにいく程度。マタギにはトレーニングという感覚はあまりないようだ。

吉川さんも地元にいるときはほとんどトレーニングしない。しかし、東京方面に出稼ぎにいったときなどは体がなまるのを心配してトレーニングをした。休憩時間や仕事が終わったあとに時間を利用して歩道橋の上り下り、腕立て伏せ、ジョギングなどをしたそうだ。なかでも歩道橋の手すりを利用して腕で体を引っ張るのと同時に足で体を押し上げる方法はよくやる。吉川さんは山を歩く

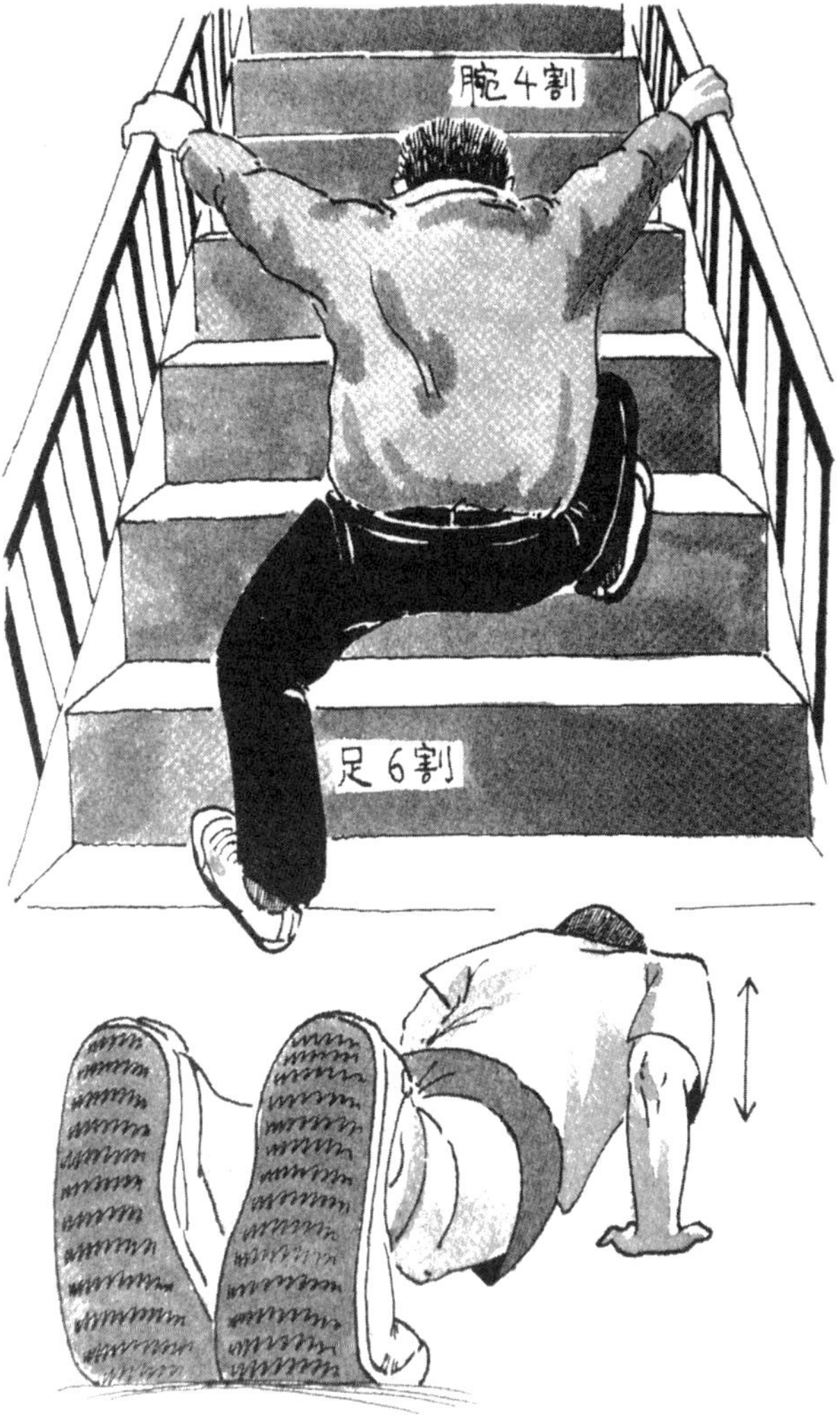

足腰ばかりでなく、腕も鍛えておくとよい

ときは腕に四割（枝などにつかまるための力）、足に六割の力を入れるのが理想的な歩き方と考えているからだ。

登山者が体力づくりをするのによい方法をいくつか紹介しよう。基本的には筋力、持久力、柔軟性を増強するトレーニングである。

まず筋力を鍛えるには、腕立て伏せ、縄跳び、腹筋、背筋運動がある。腕立て伏せは楽に一五回ほどできれば合格点だが、できない場合は、五回くらいから始めて少しずつ増やすとよいだろう。

持久力をつけるにはジョギング、水泳、サイクリングがある。とくに水泳は、一〇～三〇分間泳ぎ続けるとよい。ただし、のんびりと泳ぐのではなく、ある程度速めに泳がないと持久力はつかない。速めに泳ぐという意味では、ビート板を使ってバタ足だけを練習しても効果はある。

柔軟性、つまり体が柔らかくないと登山の場合、腰痛になったり、膝を痛めやすい。体を柔らかくするためには筋力を引き伸ばすストレッチ運動がよい。

しかし、何も専門的に行わなくても日常的にラジオ体操をしたり、風呂上がりの体が柔らかくなっているときに軽い体操をしても効果がある。

要は三日坊主にならずに毎日、手軽にできる運動を身につけ、繰り返して少しずつ体力をつけていくのがよい。

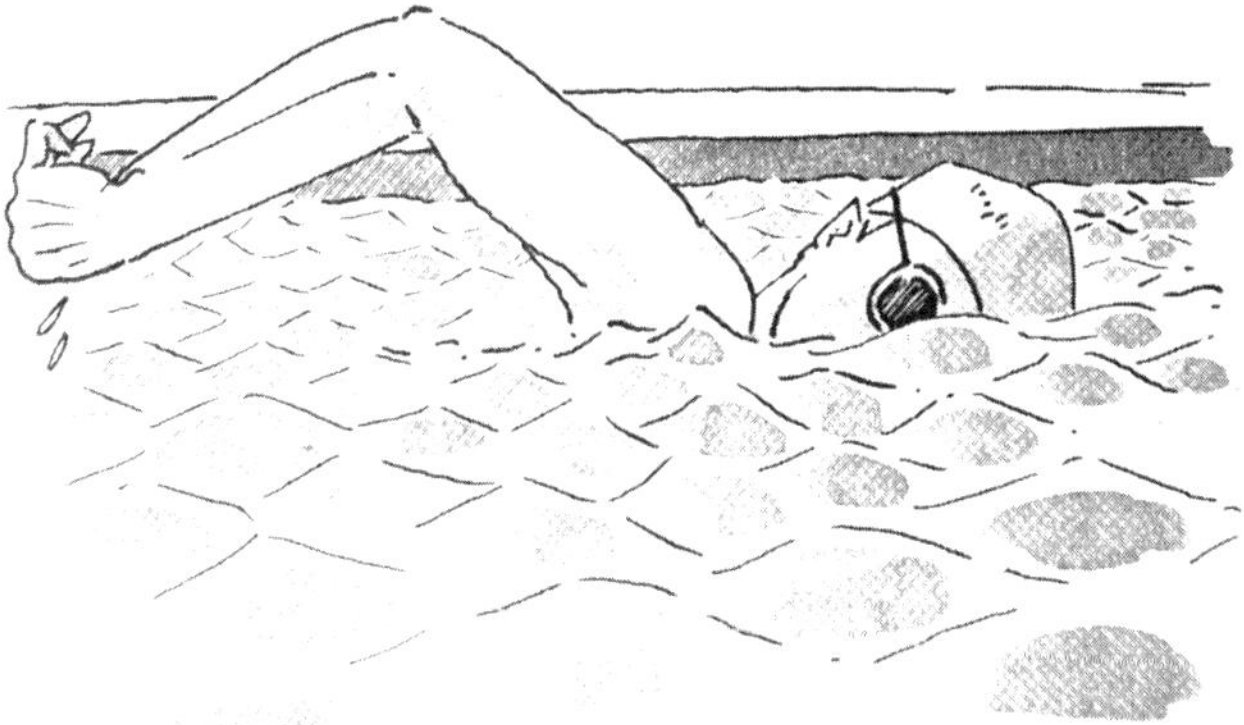

水泳、サイクリングなどのトレーニングは毎日続けたい

入山前の準備はおこたりなく

行動食の準備や道具の整備も大事だが、無理はしないという心構えが大切

マタギはふだんから摂生していたが、とくに猟が始まる一週間前から厳しく自己管理をしていた。肥らないように油っこい食事を控えたのをはじめ、友人と酒宴を開くのをやめたり、夜更かしをしないようにした。また、妻との同衾も控えたともいわれている。

この一週間はまた山に入るための用意をすべて終えなければならない時期でもあった。銃の手入れをしたり、山道具の整備をした。熱中しているうちに自然と気持ちが山に向かうようになる。そして、いざ山に入るという日は朝早くから起きて水を被り、それから全員で神社にお参りをして出発した。猟に入る前の一週間は、山のなかにいるのと同じくらい神経が張り詰めた時期だったのである。

もっとも現代のマタギはこれほど厳しい決まりに縛られてはいない。少なくとも妻と同衾しては

自分に合った行動食をつくってみるのもよい

いけないということはなさそうだ。しかし、銃の手入れや山道具の整備はかならず行う。

吉川さんは山に入る前はどんなことをするのだろうか。

「行動食をつくりましたね。干し餅を油で揚げてそれを砂糖にまぶすんです。それを袋に入れて空腹になったときに食べると元気が出ましたね」

干し餅というのは、餅を四角に切り寒い日に干して乾燥させた餅で北国の保存食である。

もちろんそればかりではなく、猟に持っていく双眼鏡を磨いたり、ナタの刃を研いだりする。

仲間との集合場所や合流場所も決める。とくに人数が多いときは合流場所をしっかりと決める。それというのも猟をしている間は何が起きるかわからず、誰かが怪我をして倒れているかもしれないからだ。猟の途中で、ある場所に一度集合して人数を確認する。問題がなかったら再び猟を開始する。もしひとりでも足りなかったら猟を中断して全員で捜す。そうすることによって熊に襲われて大怪我をした人がいても助けることができる。

登山者も大勢で出かける場合は、はぐれたときのことを考えて集合場所をあらかじめ決めておいたほうがよい。それも電話などで簡単に決めるのではなく、きちんと地図を前にして確認しながら決めると後々誤解が生じない。

もし、マタギが遭難したときは家族との連絡はどうするのだろう。大勢の場合は連絡するために誰かが山を下るとしても、問題は一人や二人のときである。

「私の場合は、下山予定から三日くらい帰ってこなくても心配するなといってあります。三日くらいは猟の関係でずれることはよくあるから。ただし、一〇日も帰ってこなかったら知り合いのマタギに探してもらうようにしています。それもあまり大袈裟にならないように。もし怪我をして動けなくなっていても、山の植物なんかを食べて生きている自信はありますからね」（吉川さんの話）

現代の登山者にとっては、一〇日はもちろん三日でさえ長すぎる気がする。予定の日に下山しなかったら、すぐにでも捜索してもらうのが賢明だ。そのためにも出かける前には家族や知人に行き先をきちんと知らせておくようにしたい。

コンロが正常かライトの電池や電球が切れていないか調べる

それにしても吉川さんの自信はどこからくるのだろうか。

「私は基本的には無理なことはしない。怪我をするようなことはしない。疲れたなと思ったら適度に休みます。疲れたときには面倒になって無茶をして怪我をするものなんです。疲れたら休む。そうすることによって、怪我もしなければ遭難もしなくなります」

吉川さんの人一倍の慎重さが遭難しないという自信につながっているようだ。ちなみに吉川さんはいままで山で怪我をしたことはほとんどないそうだ。

登山者も、入山するにあたって山道具などを整備するのはもちろん大切だが、自分のできる範囲以外のことはしないというように慎重な心構えをもつことが何よりも大切なようだ。

ヒマラヤで雪男を探したこともある阿仁マタギ

（秋田県北秋田市）

鈴木さんは通称「頭撃ちの松」と呼ばれていた。銃さばきがうまく、狙った熊は一発で仕留めるばかりでなく、かならず頭に銃弾が撃ち込まれていたからだ。

その鈴木さんがマタギを始めたのは尋常小学校の高等科を二年（いまの中学二年に相当）で卒業してから。半世紀以上もの長いマタギ人生だった。捕った熊は記録していないのでわからないということだが、少なくとも一〇〇頭以上はいる。なかでも昭和三十七年一二月に捕った二四〇キロの巨大熊は忘れられない。

鈴木さんは昭和四十九年二月から五月にかけて日本山岳会の谷口正彦氏を隊長とする第二次ヒマラヤ雪男探検隊に参加したことがある。仕事は雪男を捕まえるためにワナをかけたり足跡を探すことだった。結局は雪男を捕まえることはできなかったが、ヒマラヤの巨大さを肌で感じ取ることができた。阿仁の山が小さな森に思え、ヒマラヤの一〇〇〇メートルもの高さから落ちてくる雪崩には恐怖感さえ抱いたほど。また、ヒマラヤの山中でグルン族と知り合い、そこで猟師のことをシカリと呼ぶことを知り驚いたという。

鈴木松治（すずき・まつじ）さん。大正九年－平成十五年。秋田県北秋田市打当生まれ。阿仁マタギを代表するシカリだった

鈴木さんは晩年でも猟期になるとマタギをしに山に入った。足腰の衰えも感じられず、とても七〇歳を過ぎた人とは思えない。かたわらに長男の米孝さん（昭和二十八年生まれ、農業）を伴い猟をしたそうだ。

「せがれが早いところ一人前のマタギになってくれればいいと思っているんです」

かつて鈴木さんが子どもの頃、打当だけで四〇人ものマタギがいたが、現在は皆無といっていい。マタギを絶やしたくない。それが鈴木さんの願いであった。

第3章

着実にしかも自然を壊さずに歩く術

マタギはローインパクトに歩く

登山者による植物の衰退がいわれているが、マタギは昔からソフトな歩き方をしてきた

元弘前大学教授の牧田肇さんは、以前、八甲田山の植物生態について調べたことがある。それによると、八甲田山の尾根筋にあるハイマツなど植物の衰退が年々激しくなっているという。原因はハイカーや登山者などの踏み荒らしが関係していたそうだ。なかでも青森県内の小中高生の集団登山によるマナーの悪い踏み荒らしが大きな原因だったことが判明した。

実際、牧田さんが生徒たちの遠足を調査すると、ハイマツの上で弁当を広げたり、登山道を通らずショートカットして歩いたりしていた。それも一人がショートカットするとあとの生徒ばかりか、引率する教師までも続いた。そのため、あっという間に道ができてしまった。これでは年々、八甲田山の植物が衰退するのも無理はない。牧田さんは集団登山の自粛を訴えたものである。

マタギは苔の生えている場所を歩かない

この現象は八甲田山ばかりでなく登山者の多い北アルプスでも以前から懸念されていた。かつて稜線にあったハイマツが消滅したばかりでなく、道が広がり土砂崩れも頻繁に起きていたからだ。

いかにマナーの悪い登山者の踏み荒らしが山の自然を破壊しているかということがわかる現象だ。

この自然破壊に関してマタギはどのように対処していただろうか。

工藤さんはこう話す。

「マタギは植物ひとつにしても再生物しか採りません。先祖から受け継いできた自然は昔のままに残すのが私たちの義務。自然破壊はしない。山を歩くときも細心の注意をはらっていますよ」

では実際にはどのような歩き方をするのだろう。

「まず、なるべく同じ道を通らないようにしています。昨日、Aという所を歩いたら今日はBという所を歩くという具合に。そうすると道ができないのです」

それに関してかつて工藤さんは白神山地で実験をしたことがある。一度うっすらとできた道を一年間通らず一年後に再び見ると、植物が自然再生して通った道が跡形もなくなっていた。

道ができないように歩いたのは工藤さんが始めたことではなく、先祖代々続いてきた方法である。マタギの知恵だったのである。

「同じ道を歩かないこともそうですが、苔のある所は避けて通ったものです。苔は一度だめになるとなかなか再生しません。貴重な苔を守るためにも歩かない暗黙の約束ができています」

もちろん道のショートカットもしない。

「ショートカットは山の植物や土壌をだめにするだけでなく、転んで怪我をするなど危険を多分に含んでいるので絶対にやめるべきです。それに近道したつもりでしょうけれど非常に体力を使うためかえって疲労するだけ。ショートカットほど無駄なこともないですね」

工藤さんは山を登るときは一見遠回りに見えるが斜面をジグザグに通っていく。

「同じ道は何度も歩かない、苔を踏まない、ショートカットはしない。これだけでも山の自然を傷つけないことはできる」

斜面はジグザグに歩きショートカットはしない

しかし、それ以上に大切なのは歩き方そのものである。マタギの歩き方を見ていると、疲れないためでもあるが、ソロリソロリとすり足で歩いている。決してドカドカと乱暴な歩き方はしないのである。

歩いたあとには足跡がついていないといってもよいくらいソフトに歩いている。それも履いている靴が登山靴ではなく長靴だから自然に対するダメージが非常に少ない。

この点、登山者の歩き方はどうだろう。固い登山靴でドカドカと歩いてはいないだろうか。それも歩いたあとは植物が踏みつぶされているような歩き方である。

これ以上の植物や土壌の衰退をもたらさないためにも、マタギの歩き方を参考にしてローインパクトの歩き方を心がけたいものだ。

マタギ流疲れない歩き方

マタギはバテを知らない効率的な歩き方をする

かつてのマタギは熊を求めて一日数十里も歩き、さながら忍者のような存在だといわれていたこともあるが、実際はどれくらいの距離を歩くのだろうか。

吉川さんは猟の日は少なくても三〇キロ（約八里）は歩くと話す。この距離は数十里までには及ばないものの、並大抵の距離ではない。しかも獲物が捕れないときはさらに距離を延ばすことがざらにあり、夜も歩くというから四〇キロくらいは簡単に歩いてしまうのだろう。それも獲物を見つけるために歩いている間はゆっくりとだが、いざ「熊が出た！」となると、猛スピードで山のなかを走り回るというから重労働以外の何ものでもない。

しかし、バテることもなく、毎年のように歩いている。どんなコツがあるのだろうか。

基本的な歩き方は、吉川さん、鈴木さん、工藤さんも同じで「町を歩くように小股でセカセカと歩かずにゆったりと歩く。それも地面からあまり足を離さないようにすり足で歩くのがよい」という。ゆっくりとした歩き方をして体力を消耗しないようにして、いざというときに使えるようにする。歩幅は人によって違うので大股あるいは中股と限定されないが、中股のほうが疲労度が少ないのではないだろうか。

木の幹を足台にして歩くと疲労度が少ない

歩き方で参考になったのは吉川さんの「ガニ股歩き」。文字どおり股を開いて体を左右に揺らしながら歩く。右に体が揺れたら右足で体を支え、左に体が揺れたら左足で体を支えるという具合だ。足は地面に着地するときは「逆ハの字」になる。あまり格好のよい歩き方ではないが、吉川さんが長い間、歩き方を考えているうちにガニ股歩きが一番楽だったという。ちなみに吉川さんの知人の女性も長年歩いているうちにガニ股歩きが楽だといって採用してくれたというから効果があるようだ。

さて、道がいよいよ山道になったとしよう。

疲れずに歩くにはどうしたらよいか。

「直登は疲労度が増すので避ける。なるべくジグザグにゆっくりと登っていくのが疲れない」

その際は53ページの写真のようにしっかりとした木の根元を足がかりにして少しずつ登るとよいという。しかし、雨が降ったときは、幹が濡れて滑りやすいので慎重に歩くか避けるほうが無難だとも。なお、歩くときの手足の力の配分は手が四割、足が六割程度とする。足だけでは疲れるので木などに手でつかまり体を引っ張るようにするとよいのだという。

急な山道で太い木がなくつかまるものがないときは草や柴につかまるようにする。そのときは一本につかまるのではなく、なるべく多めにつかむ。一本だと抜けたり切れたりして危険だ。また、柴の場合はたくさんあるからといって曲げてつかまないこと。多くても枯れているときは簡単に折れてしまう。逆に柴の生えている方向を変えずにつかむと意外と強い。手を離すときも元あったように離すと、折れないばかりか次に来る人のためにもなる。

下りは55ページの写真（上）のように斜面を背にしない。いざ滑ると手が使えないので止まらなくなる。下りるときはかならず斜面と向かい合うようにする。これだと滑っても手足でブレーキがかけられる。

なお、ツルがあったらロープ代わりに使う方法も効率的だ。ただし、ツルが枯れて切れていないか確認することと、ツルにつかまっても斜面からできるだけ体を離すことは忘れずに。

山を下るときの悪い例（上）とよい例（下）

マタギ流休憩のとり方

早め早めの休憩が次の行動のエネルギーになる

山歩きに夢中になっているとついつい忘れがちになるのが休憩である。とくに登り始めは稜線に早く出ようとして急ぐために休憩をおろそかにしやすい。しかし、休憩をしながら歩かないと後半になって疲労やバテの原因になるので、かならずとるようにしたいものだ。

マタギはどのようにして休憩のタイミングをつかみ、どのように休憩するのだろうか。

鈴木さんは次のように話す。

「ゆっくり歩いているのでほとんど汗をかきませんが、しかし、歩いているうちに汗はやっぱり出てきます。そんなときは休むようにしています。大体一〇分くらいは座って休み、水を飲んだり、煎った豆をかじったりしますよ」

鈴木さんの場合は汗を休憩の合図にしているわけだ。そして汗が引いたらまた出発する。それの

休憩は立ったままより座ったほうがよい

繰り返し。しかし、休憩の回数は決まっておらず、日によっても違うそうだ。

工藤さんはどんなときに休憩をとるのか。これは208ページの「バテてしまった……」の項でも紹介したが「少しでもくたびれたなと思ったときは腹が減っているとき。そんなときは早めに休憩して何か口に入れる。我慢してあとで食べると、エネルギーが追いつかないから早めに食べる」のだそうだ。

休むときは立ったままや、背負子を下ろして座ったりとさまざまだが、そのときに利用するのはいつも持ち歩いている杖である。立ったままでも座ったままでも杖に寄りかかると、楽になる。

本来マタギは杖をよく使った。休憩以外に背負子《しょいこ》が転がらないように支える道具にもした。マタギという名は先が二股になった杖を自由自在に扱うところからきているという説もあるくらいだ。登山者も最近は一本あるいは二本のストックを用いて歩いている人を見かける。

吉川さんの休憩の方法は猟のとき以外は四、五〇分くらい歩いたら一〇分くらい休むそうだ。

「猟のときは休憩なんてのん気なことはいってられないが、それ以外は疲れていても疲れていなくてもきちんと休むようにしている。休憩しないといざというときに力が出ず、熊を逃がすことになるからです」

吉川さんの場合は座ってリラックスするのがよく、そのたびに朝御飯の残りでつくったお握りを少し食べたり、春なら甘いイタヤカエデの枝を折り、なめたり、夏ならクサイチゴなどの野イチゴを食べたりする。そうやって何かを食べるというのは、食べたいという以前にバテないための栄養補給という意味合いが強い。常に栄養を補給しないと突然バテてしまうからだ。

「早めはやめの休憩と栄養補給が大切。そうしておけば、バテないだけでなく、いざ態が出たというときに温存していた体力を発揮できる」

登山の場合も吉川さんのように四、五〇分歩いたら一〇分ほど休むのがよいだろう。もっともこれはあくまでも吉川さんの目安なので、自分に合った休憩のリズムをつかむようにしたい。

逆によくない休憩は疲れたからといって何度も休憩したり、長時間寝そべったりすることだ。かえって疲労するだけでなく、山に登ろうとする気力がなえてしまう。体も冷えてしまい、歩くのが億劫《おっくう》になってしまう。休憩といっても次の一歩を歩くための準備と考え、何かを食べたり、リラックスするとよい。

吉川さんは下りの休憩も大切にしたいと話す。

「下りは楽なものだからあまり休憩をしない人を見かけるが、登りより多めにしたほうがいい。休憩しないと疲労がたまり、足首や膝に負担が多くかかり痛めやすいからだ。そのためいざとなったときにブレーキがきかず、転げ落ちてしまうこともある」

下山して一般道を無事に歩くためにも下りの休憩は多めにしたほうがよいようだ。

道なき道を歩く楽しみ

マタギは沢、斜面、藪を縦横無尽に駆け回り獲物を追った

マタギは獲物を求めて山のなかを縦横無尽に歩き、そして走る。そこには登山道などはもちろんなく、あるのは道なき道ばかりである。沢を渉《わた》り、急斜面をよじり、そして藪をこぐ。まったくの自然の世界である。

かつて工藤さんらと歩いた白神山地の道なき道が印象的だ。その手始めが沢歩きだった。始めは靴（地下足袋）を濡らす程度だったが、上流にいくに従い、膝そして腰あたりまでつかるような深い沢になった。水は夏でも痛いくらいに冷たい。早く抜けたいと思っても、すり足で歩くためになかなか進まないのが歯がゆい。登山道のように吊り橋でもかかっていたらこんな思いをしなくともよいのにと何度思ったことか。

しかし、沢を越えるとそこは広い河原になっており、見上げると巨大な滝が流れ落ちる。そうか

一度は歩いてみたい沢。水は冷たいが登山道にはない味がある

と思えば太いブナの一本にクマゲラの巣まである場所だった。そんな光景のなかに立つと現金にもそれまでの水の冷たさを忘れてしまい、水の透明さだけが脳裏に残る。歩いてみて初めてわかった沢の快適さだった。

沢を抜けて樹林帯に入った。道をジグザグに登ったり、急斜面を枝につかまって登っていく。当然、道が整備されていないために歩きづらい。折れた枝を払ったり、倒木をくぐったりと忙しい。そんな道の途中に熊の糞が落ちていた。工藤さんによれば、ここ二、三日の間に歩いた熊がしていった糞だろうという。いま歩いている道を熊が通ったと思うと緊張感が走る。

熊といえば爪の跡が鮮明に残ったブナの木もあった。登っていくときに爪を引っかけるために跡がつくわけだが、木肌が裂けているのを見ると熊の爪の鋭さのほどがわかる。

また、木には人間が擦過傷にでもなったような跡もついていた。工藤さんによれば雪崩の跡だという。雪が滑り落ちるときに木を擦っていった傷跡である。

樹林帯の次は藪こぎが待っていた。背丈ほどもある藪をかき分けたり、あるいは下の部分が開いている場合は匍匐《ほふく》前進のようなことをして進む。そのため全身が埃まみれになる始末。

しかし、やがて目的地のある稜線に到着すると遠くに岩木山を望める清々しい展望が待っていた。かつてさまざまな山からの展望を望んだことがあるが、そのときほど清々しい気持ちで望んだ展望もない。おそらくは沢、斜面、藪と道なき道をひたすら歩いてきたためだろう。そこには登山道にはない新しい発見ばかりがあった。

こんな具合に道なき道には登山道にはない魅力が詰まっている。初心者には無理かもしれないが、山慣れしている人だったら登山道を歩いているときに道を外れて未知の世界を覗いてみるのもおもしろい。

迷わないように綿密にコースを検討する

しかし、問題はいかに迷わないかということだ。マタギは同じ山に何度も入っているので市販の地図より詳しい地図が頭のなかに入っているが、これから道なき道を歩こうとする人は注意が必要

視界のきかない藪では初心者は鳴っているラジオを目印にする

だ。そのためにも山に入る前に地図を詳しく読むことが大切。それから綿密にコースの検討をする。崖や急斜面がある危険地域は避け、なるべく安全に歩けそうな所にする。それも始めは数百メートル単位の道なき道を設定し、慣れたら徐々に延長していくという具合にする。

実際に登山者が山に入るときは冬山でよく使う目印用の赤や黄などの原色のリボンを持つとよい。歩きながら所々の枝に結びつけておく。こうすると戻るときに道を発見しやすく便利である。

また、藪こぎするときは携帯ラジオがあるとよい。ラジオを鳴らして置いておき、帰りの目印にするのである。山菜採りの人などは五〇メートル間隔に置いて迷子にならないようにしている。

危険個所の歩き方

川は増水が終わると土手に白い線が出る。それを合図に川を渉る

山を歩いていて急な斜面が現れたとする。そんなとき、どのような注意をしながら登ったらよいのだろうか。左の写真は吉川さんに実際に急な斜面を登ってもらったものだが、大切なのは足場の確保。足場を確保するために靴の踵で斜面にステップをつくる。足は「逆ハの字」になっているようにする。

手は肩幅程度に開いて手がかりをつかむ。手がかりは石や柴だったりするが、触れてみて安定を確かめる。柴はなるべく数本単位でつかむようにし、柴の生育方向を変えないようにする。折り曲げると折れやすい。手足が安定したら手足四本のうち、一本を触角のようにしてさらに安定の場所を求める。一本動いている間は三本の手足が体を確保しているから落ちない。こうしていずれか三本の手足が確保している間に別の手足一本が先の安定場所を探す。早い話、岩登りの基本である

急な登りはステップをつくり、三点確保で少しずつ進む

「三点確保」である。吉川さんは三点確保という言葉は知らないようだったが、基本はまさしく三点確保であった。

なお、視線は三メートルほど先に置くようにする。急な斜面で起きやすい落石から身を守るためである。もし落石があってもすぐに逃げないことがコツだそうだ。落石はどこでバウンドするかわからない。逃げたほうにバウンドするかもしれないからだ。吉川さんは落石をじっと見すえて当たりそうになるとヒョイと身をかわすという。

一方、雨が降り、増水した川を渉るときの判断はなかなか難しいものである。しかし、マタギは独自にこれ以上増水しないのがわかり渡渉してしまうそうだ。ちなみに中流の沢が増水するのは雨が降ってから大体三、四時間ほどたってからという。一気に増水するために流木などが流れてくる。そんなときはいくらマタギといえども川岸でじっと待っている。

しかし、それから一時間あるいは二時間後に川の土手に白い線ができるという。おそらく水面の泡が白く残ったものだろうが、それが現れると水が引く兆候だそうだ。

マタギはその兆候を見ると、靴にツルの皮や荒縄を巻いて滑らないようにして渉る。もし左から川の流れがきているとすると右斜めに歩いていく。流れに逆らわないのがコツだそうだ。

足運びはすり足が原則で足を上げないようにする。また、一枚岩はスパイク付き長靴を履いていても滑りやすいので上がらないようにする。

川を渉るときは流れに逆らわずすり足で進む

マタギ流夜道の歩き方

懐中電灯が壊れた。そんなときは、慌てず騒がずまず安全な場所で目をつぶる

マタギは夜道でも昼のように歩く……。

こう書くと嘘かと思われるかもしれない。しかし、実際、吉川さんは暗い山道でも平気で歩いたものである。

「熊を追いかけているうちに暗くなることはよくあること。しかし、暗いからといって懐中電灯をつけると熊に警戒されるばかりでなく、かえって視野が狭くなって周りが見えなくなるので、つけないで歩いてしまう」

懐中電灯をつけないで見えるものなのだろうか。

「映画館と同じでいきなり暗い所に入ると見えないけれど、時間がたつと、目が慣れていくから結構見えるものです」

視線は前方に向け、足はすり足でゆっくりと歩く

しかし、一度でも懐中電灯をつけると瞳孔が閉まり、懐中電灯を手放せなくなる。もし、懐中電灯を消す必要なことがあると、再び瞳孔が開くまでは一時間でも二時間でも目をつぶるそうだ。

歩き方はどのようにしたらよいのだろうか。

「目が闇に慣れたといってもあくまでも薄ぼんやりとしか見えない。足は沢を渉るときのようにゆっくりとすり足で探りながら歩くといい」

目と足の両方をフルに使って歩くわけである。吉川さんの場合は闇に慣れているので足の回転が速く、その結果まるで昼のように歩けるのである。

もし、登山者が懐中電灯が壊れて闇のなかに立たされるようなことになったら、この闇の歩き方を思い出してほしい。人間は闇に囲まれると心細くてパニック状態に陥りやすい。しかし、目は闇にしだいに慣れて周囲が見えてくるのである。

マタギ流冬山の歩き方

マタギはカンジキとコナギという杖を使って雪の山を歩いた

マタギの猟は二種類ある。ひとつは寒マタギといって、十二月から二月の最も寒い時期に行う猟。かつてはカモシカを捕っていたが、大正十四年に禁猟となって以来、ウサギが主な獲物となった。もうひとつは三月から五月にかけて行う春マタギ。これはいうまでもなく熊を捕る猟である。

春マタギは残雪期の雪が固まった時期に行うためにラッセルは必要ないが、寒マタギは真冬に行うので新雪を踏み越えていかなければならない。装備が整っている現在でも深雪を越えるのは難しいのにマタギはどんな登り方をしたのだろうか。

工藤さんはこう話す。

「まず、沢筋を歩かないようにします。雪崩が怖いこともありますが、沢筋には岩がゴロゴロしています。雪のないときは平気で歩けますが、雪を被ると岩と岩の間が隠されて見えなくなります。

カンジキとコナギを使って汗をかかないようにゆっくり歩く

そのため岩の間にはまって大変な目に遭うからです」

いわば、自然の落とし穴ができるのである。そのためマタギは沢筋には近づかず、尾根筋を歩くようにしているという。それもなるべく雪の量が少ない場所を選んで歩くようにする。白神山地は西風が強いために西側の雪が吹き飛ばされ東側に比べると雪が少ないそうだ。コースを考えるとき、風向きを調べて雪のない道を選ぶのがコツという。

しかし、そうはいっても山を歩く以上は深雪にいつかかならずぶつかる。何せマタギは四〇センチから五〇センチの新雪があっても平気で猟に入ってしまうからだ。そんなときのマタギの必需品がカンジキとコナギという長い杖。杖といってもただの杖ではなくて、先が四角くなっていてスコップのようになっている。このコナギを杖にしたり、ステップを切って歩く。

なお、カンジキで工夫していたのが吉川さん。ふつうカンジキは靴に固定するようにつくられているが、吉川さんのカンジキは足を上げるとカンジキの前が上がり、後ろが下がるようにつくられている。これだと固定されたものより歩きやすい。

さて、カンジキを履きながらのラッセルだが、慣れないと転倒したりして歩きづらい。

「カンジキを履いたらガニ股ぎみにして雪を蹴り上げるように歩きます。そうするとカンジキ同士がぶつからないばかりか雪が飛ばされて歩きやすくなります」

ここで心配なのはラッセルによる疲労である。ラッセルでエネルギーがかなり消耗し、バテの原

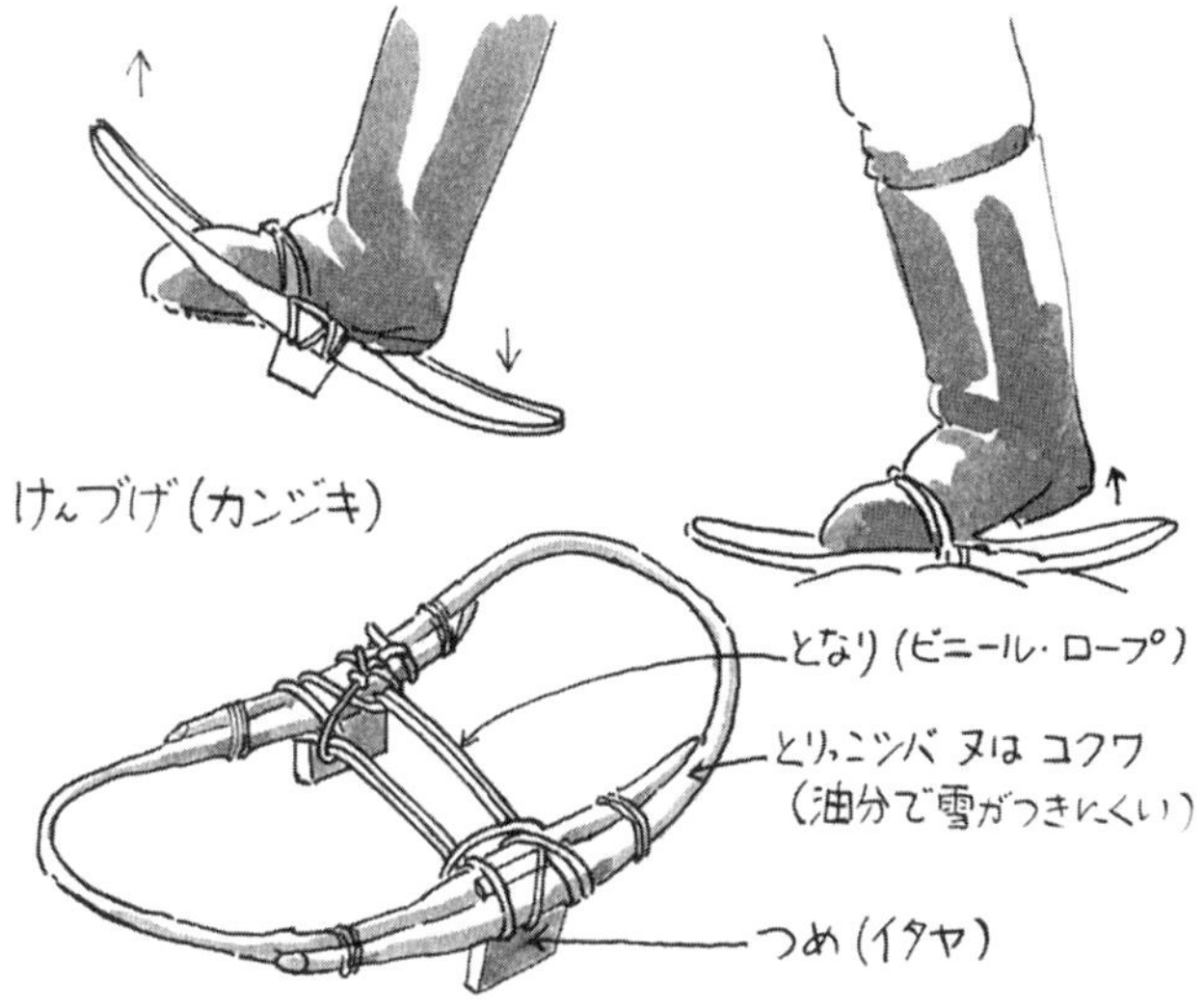

足を上げると自動的に前が上がり、後ろが下がるカンジキ

因になることが多いからだ。

「私がラッセルするときは、二、三人でいつも交代してやります。そのときは汗をかかないようにゆっくりとやります。汗をかくと汗が凍って風邪をひいたり凍死の原因になります。汗を少しでもかいたら次の人と交代するようにしていますね。ハードな場所だったら一〇〇メートル歩いたらバトンタッチという具合に」(工藤さんの話)

カンジキを履きながらの山の登り下りのコツは、登りは大股で下りは小股がよいそうだ。下りはスピードが出ないようにするために小股にするのだが、そのときコナギを突きながら下るとさらにスピードが落ちる。

このコナギは杖ばかりでなく、表層雪崩に遭ったときにも役に立つ。雪崩がきたな、と思ったら足元に突き刺して雪崩が去るのを待つ。もし気を失っていても助かった仲間が雪から出ているコナギを見つけて掘り起こしてくれる。

ちなみにこのコナギで天気予報もできる。コナギを雪に突き刺して横に倒す。すると小さな穴ができる。天気が崩れ、吹雪がきそうだと穴の周りが薄いブルーに見える。

もし吹雪が始まったらどのように歩いたらよいのだろうか。

「樹林帯のなかを歩くといい。これは風をよけるためですが、雪庇を踏み抜かないためでもあります。尾根筋では木のないほうに雪庇ができるのでなるべく樹林帯寄りに進んでいくと安全ですね。それも汗をかかないようにゆっくりと歩くのがコツです」

この項の締めくくりに工藤さんからの注意を紹介しよう。

「樹林帯を歩いているとき、銃声のようなパーンという音が聞こえてきたら即刻登山は中止したほうがいい。コダマといって木の幹が割れる音なんです。これは凄い寒気団がやってきている証拠で、木の枝や幹のなかの水分が凍って次々に音を立てて割れるために起こります。私たちはすぐに山を下ります」

そのあとには決まって山が荒れるそうだ。

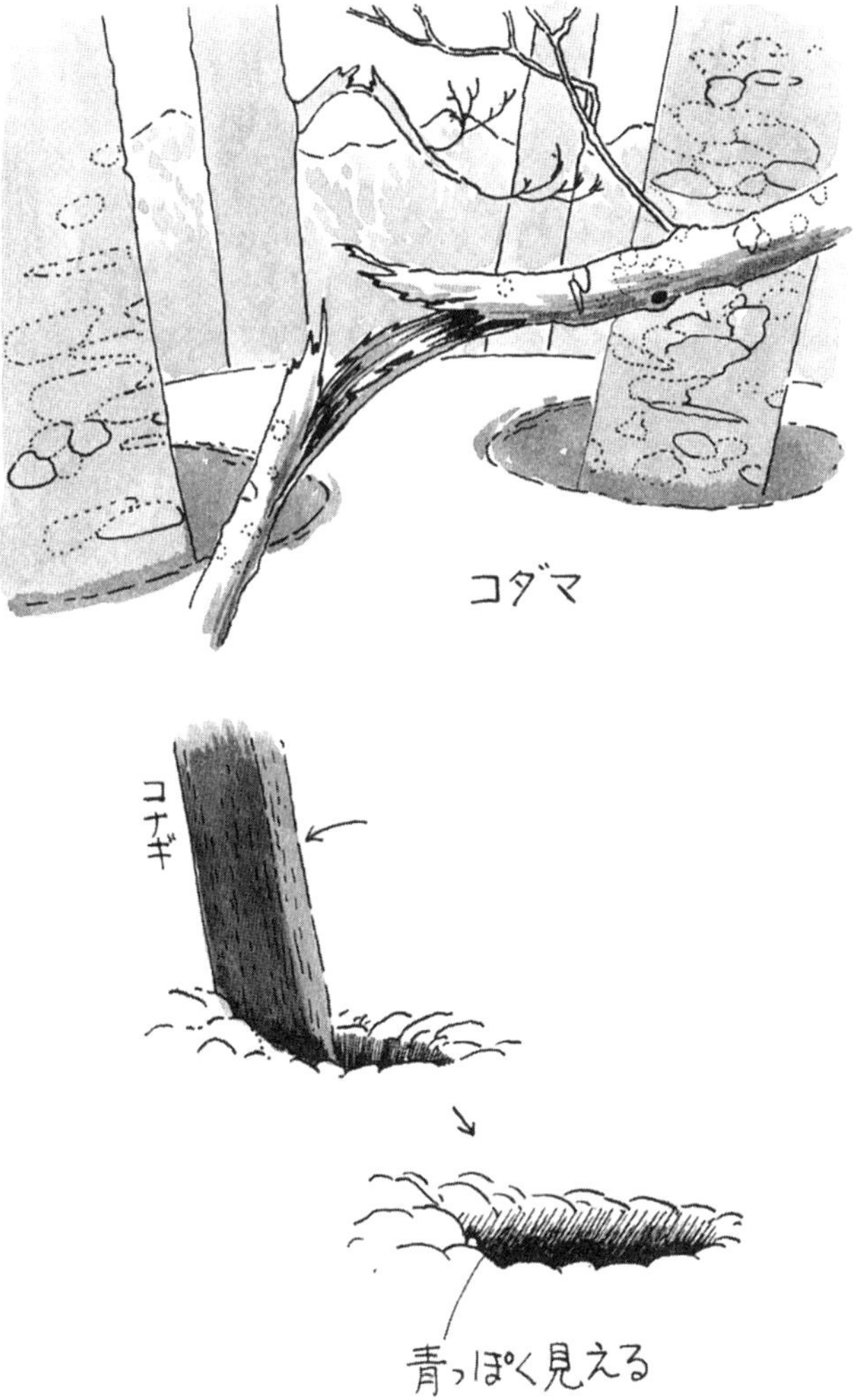

コダマが鳴ったり、雪穴が薄いブルーに見えたら猟を中止する

白神山地を見守る目屋マタギ
（青森県中津軽郡西目屋村）

工藤光治（くどう・みつはる）さん。昭和十七年、青森県中津軽郡西目屋村生まれ。目屋マタギの伝統を受け継ぐ最後のひとり

工藤さんの視力は抜群によい。三〇歳の頃までは両目とも二・〇あった。年を重ねるごとに低下したといっても一・五はあるという。この視力で熊などの動物を即座に見つけては捕獲した。ちなみに三五年近いマタギ歴の間に捕獲した動物は熊だけで二〇〇頭余り。このうちひとりで捕ったのは六〇数頭だという。

その確かな目で見続けてきたのは何も動物ばかりではない。どういうふうにすれば気持ちよく山を歩けるか、また、どういうふうにすれば山を壊さずに歩けるかなど先輩や仲間たちの行動を参考にしてきた目でもある。もちろんその目は白神山地の変化も少しも見逃さずに確実にとらえてきた。

「樹木が伐採されると、山は正直なものでかならず土砂崩れが起き沢が汚れます。沢が汚れると町の人の飲み水がだめになります。それから海が汚れ魚も捕れなくなります。連鎖反応を起こすものなんです」

白神山地ではかねてより伐採をはじめ林道建設が進められてきた。かつての白神山地に比べれば雲泥の差ほどの自然の衰退という。

「以前は山に入るときは米だけ持っていくだけでおかずがいらないくらい食料が豊富でした。いまはすべてが半減しています。マタギだけでは生きていけなくなってしまっている状態なんです」

そこへ青秋林道の建設計画。工藤さんはこれ以上の破壊は何としてもやめさせなければならないと思った。そして先頭を切って反対運動に参加していった。

「中止になってよいものを残しました。いまにきっとよかったと思うようになります」

これからも厳しい視線で見続けるだろう。

第4章

軽快に山を歩くためのウェアと道具

無雪期の服装

真夏でも長袖、長ズボンで肌を露出しない

無雪期、マタギは猟をしない。しかし春に山菜を採ったり、秋に茸を採るために山に入る機会は多い。そんな時期、つまり、春から秋にかけてはどのような服装をするのだろうか。

吉川さんの場合は79ページの写真でわかるように上から帽子、ヤッケ、作業ズボン、長靴といういでたち。ヤッケの下には薄手のニットシャツと、汗をかいてもすぐ乾く化繊の下着を着ている。いずれも長い間着続けているもので体の一部になっているという。これら以外の服装品といえば、軍手と手拭いくらいのもの。手拭いは汗を拭いたり蜂や蚊に首筋を刺されないために常に首に巻いている。

雨具はカッパ程度しか持たない。雨が降るときは山に入らないし、降ったとしても降る前に察知して山を下るからだ。

無雪期の服装（吉川さんの場合）

吉川さんは服装についてこう話す。

「服装はふだん着慣れたものでいいと思う。しかし、山へ入る以上はどんなに暑いときでも半袖や半ズボンはやめたほうがいい。いつ急に寒くなるかわからないし、いつ蛇に嚙まれるかもわからない。長袖だと被害は少ないし、暑ければ腕をまくればいいのです。これはぜひ守ってほしいことです」

一方、工藤さんも吉川さん同様これといって特別ないでたちはしていない（81ページ写真）。しいていえば、歩きやすいようにジャージのズボンをはいていることくらいだ。

しかし、ジャージにしている理由は歩きやすいからというだけではなかった。工藤さんは山を歩くとき、よく沢を渉るが、ジャージは水のついたところだけ濡れてそれ以外は濡れないばかりか乾きが早いためだという。これがジーンズやふつうのズボンだと少しずつ浸透し、ズボン全体が濡れてしまううえに乾きも悪いそうだ。そのため体の熱を奪われて風邪をひくことにもなりかねないという。また、生地が肌に密着して歩きづらいことこのうえない。

一度買ったら長く使えるものをそろえる

さて、二人のマタギの服装を踏まえたうえで無雪期の服装を考えてみよう。

まず下着。無雪期でもとくに夏場は汗をかきやすい。汗を残さないためにも乾きの早い下着が必

無雪期の服装（工藤さんの場合）

要だ。吉川さんによれば、汗が残っていると蚊が寄ってきやすいそうだ。綿のシャツは汗が残りやすいだけでなく、保温力がないのでやめる。

その点、化学繊維の下着は汗を外に発散させるばかりでなく、体温の低下を防いでくれる。保温力もなかなかなものだ。ちなみに綿のシャツだと休憩のあとにザックを背負うとひんやりとするが、化繊の下着だと冷たい感覚はない。それだけでも化繊の威力がわかるというもの。値段は高いが購入しておくとよいだろう。

服やズボンは吉川さんが注意していたように長袖、長ズボンが基本。半袖、半ズボンは気温の変化に対応できないばかりでなく、転んだり、滑落したときにダメージが大きくなる。長袖だと藪のなかを歩いても肌を傷つけずにすむ。

長袖のシャツはジャージやポロシャツ、ラガーシャツでもよいが、スリーシーズン用の登山シャツがあるとなおよい。シャツは雨で濡れても冷たい感覚がなく体も冷えにくい。サイズは指一本ゆとりをもたせた首回りと、なかにセーターを一枚着られる胴回りにするとよい。寒いときは、シャツのなかにセーターを着ると保温力が増すからである。

ズボンはスリーシーズンの登山用ズボンと伸縮性のあるクライミングパンツがある。どちらを選ぶかは好みによるが、ウールのズボンは通気性があり寒いときでも暖かい。はかないほうがよいのはジーンズなどのピッタリしたズボン。歩きづらいし、工藤さんが注意していたように沢に入ると、ジーンズ全体が濡れてしまう。ズボンは膝がよく曲がり、汗を放出するものがよい。

雨具は重要アイテム。ある統計によると、山の天気は四割が晴れであとの六割は雨が降ったり悪天だという。山歩きをするうえでいかに雨具が重要であるかという証明でもある。

吉川さんは雨具を持たないということだが、登山者はかならず持つようにする。それも単なるビニールの雨具はよくない。蒸れるばかりでなく、気温が下がったときは体が冷えてしまう。また破けやすい。

その点、ゴアテックスなど透湿性防水素材の雨具は蒸れない。体から出た蒸気が素材に開けられたミクロの穴から発散され、雨具の内部が蒸れないようになっているからだ。もちろん穴がミクロのために雨は入り込まない。また、最近の透湿性防水素材の雨具は透湿性もアップして寒いときにヤッケとしても使えるようになった。

値段は上下にわかれたセパレートタイプが三万円前後と高い。しかし、雨のなかを歩いても体が濡れないことを考えると必需品である。

山道具の基本は値段が高くても丈夫で長持ちし、着ているうちに体の一部になるくらいがよい。

積雪期の服装

薄着でスムーズな動作を妨げないマタギの服装に学ぶ

85ページの写真は阿仁マタギの積雪期の服装である。若干、省略しているが、基本的には昔からのスタイルに近いという。

装束を検証してみよう。

まず、足ごしらえ。鈴木さんは長靴を履いているが、昔のマタギは軽いわら製の靴（ツマゴ）やカモシカの毛皮でつくった足袋《たび》を履いた。これが実に軽かったという。足首から膝まではハバキ（あるいはハンバキ）と呼ばれるすね当てを巻いた。

ズボンに当たるものは麻でできたユキバカマ（マタギバカマ）。マタギは家の庭に麻を植えて自分で織ってつくったという。下着は褌《ふんどし》と白木綿《さらし》の肌着だけでモモヒキなどははかない。

上着は木綿でできたカッポ（ミジカ）と呼ばれるものを着た。胸には雪が入らないように前かけ

阿仁マタギの戦前頃までの狩猟スタイル

（メエカケ）をつけ、防寒用にカモシカ（キガワ）や犬の毛皮を着た。また、手にはカモシカの毛皮でつくった手袋（テツキヤシ）をつけた。頭は頭巾ですっぽりと覆い、マタギ笠（アマブタもしくはダオボッチ）を被って吹雪をよけた。

もちろんマタギ個人によって違いはいろいろと出てくるものの基本的にはこのような装束だった。

それにしても実に薄着である。いくら毛皮を着たとしても寒そうだ。マタギはたったこれだけの装束で雪深く険しい山々を駆け巡り、熊やカモシカを捕っていたのである。やはり、行動しやすくするために薄着は必然的だったのだろう。この装束で寒い雪のなかで焚火をしながら毛皮を被っただけで寝たというから凄まじいものがある。実際、鈴木さんは簡単な雪囲いをつくり、雪の上に杉の枝を敷いて寝るだけだった。寒くなって目が覚めると、杉の枝を焚火であぶって再びうとうとしていたという。

現代登山者が真似をしたらすぐにでも凍死につながるような服装である。マタギが凍死しなかったのは、やはり命懸けの仕事という気持ちが根底にあり、常に山では緊張していたためなのだろう。登山者にはこの装束の真似はできないが、精神力は大いに参考にしてよいのではないだろうか。

もっともこのような装束は戦前までで、それ以後は現代登山者のようなアノラックやヤッケ、ニッカズボン、スキーズボンに変わった。靴も長靴である。87ページの写真に紹介した赤石マタギのひとり、大谷石之丞さんの服装を見てもわかる。

赤石マタギ大谷石之丞さんの積雪期の服装（矢川健氏撮影）

しかし、決して厚着ではなく、薄着であることがおわかりいただけると思う。

登山者もマタギ流に薄着でスマートに

これから冬山を始めようとする登山者はどのような服装をしたらよいだろうか。最近は薄くても保温力の高い衣類ができている。軽快に山を歩けるものが多くなった。

まず冬山で大切なのは下着。綿でできた下着は汗をかくと冷たくなり、保温力が落ちるので着ないようにする。おすすめはポリプロピレンやクロロファイバーに代表される化繊系とウール系の上下セットの下着。どちらを着るかは登山者の好みも関係してくるが、登る山の高度で選ぶ方法がある。

化繊系は一〇〇〇メートル前後の山を歩くのによいとされている。この標高の山は高山と違い温度が高いために冬でも歩くと汗をかく。そのため汗がたまらない下着が必要になる。化繊系の下着は、かいた汗を外に発散させ、常に体温を快適に保ってくれるのでうってつけである。汗をかくと発熱する素材なども開発され雪山登山にも心強い。

ウール系の下着は標高二〇〇〇メートル以上の高山向き。ウール系は化繊系と違い汗をためるので低山で着ると蒸れる。しかし、温度の低い高山では抜群の保温力を出し、汗をかいても冷たく感じない。山慣れた人は行動中に化繊系を着て山小屋などに着くとウール系やフリースなどに着替えている。

上着は厚手のウール系のカッターシャツがおすすめだ。暑くなったら袖をまくって体温調整をする。

ズボンは冷えても保温力の高いズボンがよい。ロングパンツは低温になると汗をかいた部分が凍ることもある。

防寒具として最近は薄手のダウンジャケットがよく利用されている。軽くかさばらずに暖かい。化繊のタイツやフリースのズボンも愛用されている。

最近ではゴアテックスなどの通気性のよい生地を使ったものがおすすめ。行動中の蒸れが大幅に少なくなった。また、ズボンではスキーパンツのようなサロペット式をはく人も多くなった。サロペット式だとズボン式と違い腰を暖かく包んでくれるし、転んだときに雪が腰の部分に入らないという利点があるからだ。

これら以外に休憩のときや山小屋にいるときにあるとよいのがセーター。下着がしっかりしていれば薄手のセーターでもよいが、高山に登る場合は、さらに保温をする必要がある。しっかりしたダウンジャケットを用意すれば寒い山も快適に過ごせる。

マタギの七つ道具

マタギは無駄なものは持たない。現代登山よりも合理的だ

マタギと現代登山者の違いはいろいろあるが、なかでも違うのは山に持ち込む道具の量だろう。マタギは行動を重視しているために必要最低限のものしか持ち歩かない。それ以外に必要なものがあれば自然をうまく利用してしまうからだ。その点、現代の登山者は自然をうまく利用する方法を学んでいないために家財道具一切ほどもの道具を運ぶ結果となり、重い思いをしがちだ。マタギの最低限度の道具である「七つ道具」を知って、荷物のシェイプアップを試みてはどうだろう。いまより荷物が三分の一に減ることは間違いない。

●ナガサ　これはマタギが持ち歩く道具のなかでも最も重要なもの。鉄砲を持っていても不意に熊に襲われたときは武器としても使うし、藪を払ったり、薪をつくるためのナタとしても使う。また、食料にするミズやフキを切るための包丁にも使う。万能ナイフといったところ。

ナガサ。薪づくりから料理まで大活躍

●マッチ　登山者が御飯を炊いたり湯を沸かすときはガスボンベ式などのコンロを持っていくが、マタギはこのマッチだけである。火種であるたきぎは山ではすぐに手に入る。太い木が必要なら、ナガサで風倒木などを適度に切って使用する。火をつける際の予備としてカバの木の皮を持って歩くのもよい。カバの木の皮は油分が多く、少々雨に濡れたり冷たい雪の上でも簡単に火がつくからである。マタギはこの皮を家で乾燥させザックに入れて持ち歩いている。乾燥しているから軽くて荷物にならない。なお、マッチは汗や雨に濡れないようにビニール袋に入れておくようにするとよい（コンロが壊れたり遭難したときのために、火の熾《おこ》し方を186ページに紹介した）。

●農業用ビニール　ビニールハウス用のものを縦二メートル、横三メートルほどに切り、これを体に巻いて一夜を過ごす（詳細は140ページ）。重さはわずか五〇〇グラムほど。これがあると重いテントがいらないし、幅もとらない。雨や雪が降ったときすぐにビバーク態勢に入れる。寒いときはナガサでチシマザサなどを切って敷いたり被せたりすると暖かいばかりでなく、霜除けにもなる。

●飯盒　これひとつで御飯を炊き、湯を沸かす。蓋や中蓋は皿にもなればコップにもなる。移動するときは物入れ代わりにも使える。山では豪華な食事をしない限り、飯盒で十分である。皿が足りない場合はフキの葉などを採ってきて皿の代わりにする。これだと重い思いをしないばかりか、山の中で数々のコッヘルを洗う手間も省けるし、汚水を流して山を汚すことも少なくなる。なお、飯盒を洗うときは洗剤を使用しないのが原則。飯盒に湯を差し内側にこびりついた御飯などをそぐようにするとよく落ちる。

●ロープ　約六ミリのロープ（細引きでもよい）を五メートルほど。マタギはロープで熊を棒に吊るしたり、崖を下りるときなどに使用した。登山者の場合は怪我人を背負うときの紐だとか渡渉する際に仲間との命綱に使う。ロープがないときは山で生きたツルを探す。マタギはツルをロープ代わりにしていた。しかし、このツルは手ではなかなか切れない。ツルを切るのにもナガサがあると便利だ。

●長靴　マタギが山を歩くときは冬でも長靴がほとんど。軽くて歩きやすいという。一見、足がなかで滑り歩きづらそうだが靴下を一枚履きフィットした長靴を選べば履き心地もよくなる。長靴の

吉川さんの七つ道具。これだけで夏場の山を過ごす

よさは履き心地ばかりでなく、山自体にもローインパクトということもいえる。重い登山靴で山を歩くと斜面が削れたりするが、長靴だとそれほど影響がない。また、長靴は簡単な渡渉なら濡れなくてもすむ。沢が深くなっても雨具のズボンを長靴に覆い被せ細引きなどで縛ると水が入らずにすむ。これは長靴とズボンに入った空気が水の浸入を防ぐ作用をしてくれるためだ。

●お握り三個　これが道具といえるかどうか疑問だが、マタギが日帰りで山に入るときの基本食料である。これに若干の非常食用の煎り豆や揚げ餅などを用意して食料としている人が多い。このように決めておくと、山に入るとき食料をどうするか悩む必要もないし、金もかからない。お握りを少しずつ食べれば空腹も緩和されるし、しゃりバテでダウンすることもない。

先が二股になった杖とヤの使い方

杖も使い方によってはいろいろ役に立つ

マタギという名前の由来はいくつかあるが、先が二股になった杖を持っていたことからその名前がついたともいわれている。単なる杖ではなくて、先が割れているところにどのようなメリットがあるのだろうか。

吉川さんの二股の杖の使い方は次の通り。

まず、山を歩きながら蜂の巣がないか調べるために使うという。先が割れていると灌木を一本一本押し退《の》けて調べることができ、発見が早いのだそうだ。逆に先が割れていないと灌木を何本も押し退けなければならず、その分、蜂の巣の発見が遅くなる。

「蛇が出てきたときに首を押さえるのにも使う。蛇は人を見ると、鎌首を持ち上げて威嚇する。しかし、鎌首を押さえると蛇は動けなくなる」

先が二股になった杖は蜂の巣探索や荷物押さえなどに使う

鎌首を押さえながら少しずつ離れるとよいという。

動物対策ばかりでなく、ちょっとした小道具にも使える。たとえば、杖をひっくり返すと銃の台になる。登山者は銃を使わないのでさしずめカメラの三脚代わりとして使える。吉川さんは休憩のときにザックが転がらないように支えとして使うとも話していた。これ以外には雪渓を下る際の支えにするとも。先が割れていると一本のときよりも安定するという。

二股になった杖一本だけでも、考えようによっては使いみちが多いものである。

太い木を割るときに便利なヤ

これは工藤さんが山で実際に使っていた道具。「ヤ」と呼ばれているもので、道具的にはクサビである。たとえば、太い木を割ろうとしたときにオノがなかったとする。そんなときに木の裂け目にこのヤを入れて上から叩くとオノと同じ役目をして木が裂けていく。これは材質が固くないと役に立たないのでイタヤカエデの木を使ったという。なお、このヤをつくるのには相当の技術が必要だったらしい。

このヤに関してこんないい伝えがある。

昔、老人があるマタギ小屋に訪ねてきてどんな仕事でもするから飯を食わせてくれと頼んだ。シカリは可哀想に思い、ヤをつくらせた。しかし、老人は一日に二枚しかつくらなかった。シカリは

オノがないときにヤは役に立った

怒って老人を追い出してしまった。出ていくときに老人はヤを水中に入れていった。あとでシカリがそのヤを水から出してみると、二枚がくっついて離れない。ようやく剝がすと濡れていなかった。

合わせ目をそれほど精巧につくれる人はめったにいないとその老人を捜したが、どこにもいなかった。老人のヤをクサビにすると、何本もの木を割ることができた。マタギたちは老人を山の神だと思い、いつまでも噂になったという。

またこのヤは、山で事故に遭ったときに、拍子木のように打ち鳴らしながら下る習慣があったという。家で待っている人は、その音が聞こえないようにいつも祈っていたそうだ。そのため、事故でない限りヤ同士を叩くのを嫌ったという。

登山者にも役に立つマタギの戒めと掟

マタギの間では厳しい戒めや掟があった。戒めや掟を破ると雪ごりといって雪のなかに素っ裸で立たされ雪責めにされるという罰もあった。しかし、これらは鉄砲を持った男たちの集団を統制するために必要なことばかりだった。

『家の敷居をまたぐまで油断するな』

文字どおり家を出て再び家に帰ってくるまでは気を抜くなという戒めである。これと似た戒めで登山者の間にも「登山は家に帰ったときに初めて終了する」という言葉があるが、基本的には同じである。

また、マタギはシカリにことあるごとに「はしゃぐな」といわれた。たとえば、獲物が捕れて嬉しくなったときなどである。調子づいた弾みに鉄砲が暴発して大怪我をしないとも限らないからだ。これ以外には同じような意味で「鼻歌を歌うな」とか「口笛を吹くな」などの戒めがあった。

『子どもが生まれたマタギは山に連れていくな』

これは親心を察した掟だろう。山に入っても生まれた子どもや奥さんのことが気になって猟に専念できないと、団体行動を乱すばかりか大怪我につながらないとも限らない。家にいて母子を見守ってやれという意味という。

『祝言の引き出物を山に持っていくな』

山の神は祝い事を嫌うためといわれているが、結婚式の翌日に山に入れば昨日の花嫁や花婿がどうのこうのという話になり、いつの間にか話がはずんで猟に真剣味がなくなる。静寂を旨として熊の動向を知ろうとしている他のマタギに迷惑になる。この戒めは浮ついた気持ちで山に入ってもらいたくないという意味である。また、日のたった結婚式の引き出物は腹痛の原因にもなる。

『山は一三人で歩け』

もし山を一二人で歩くと、手袋で人形をつくって人間一人に数え一三人にした。マタギにとって一二は縁起が悪い数字のためだが、山を荒らさないために多くの人数で山を歩くなという意味があったという。

第5章

マタギ料理は
ダイエット料理

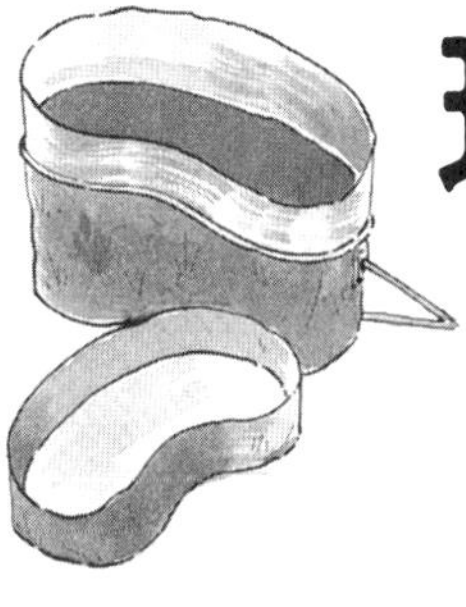

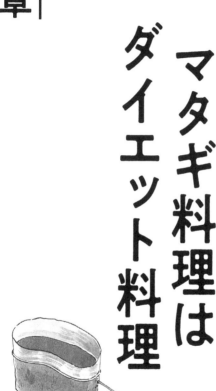

マタギの食事の仕方

マタギによって食事の仕方は違うが、自分の食事量をきちんと把握している

マタギは過酷な労働である。いつ現れるともわからない熊を求めて何キロも山野を歩き回った末、いざ現れると疲労をものともせずに猛進して捕まえてしまう。このバイタリティを持続できる根底には何があるのだろうか。マタギ魂という精神力の強さがあるに違いないが、それと同時にバイタリティの源である食事の仕方にも大きな鍵があるようだ。この章ではそんな鍵を知るためにマタギの食事の仕方にふれてみた。登山は熊を狩るほどの重労働ではないが、マタギの効率的な食事方法は参考になるだろう。なお、御飯の炊き方などは後述するとして、この項ではマタギ三人の全般的な食事の仕方を紹介しよう。

●必要最低限度しか食べない少食型（鈴木さんの場合）

山では腹八分目が行動的

鈴木さんは食事にあまり固執しない人だ。たとえば日帰りの山菜採りなどで山に持っていく食料はお握り三個だけという。

「三個あっても食事一回につき一個しか食べない。二個なんて食べない。食べすぎると腹が張って動きたくなくなる。もし道に迷ったら晩に一個、朝に一個食べるようにしている」

何か起きない限り、お握りは全部食べずに一個はかならず残して家に持ち帰る。空腹になると、ポケットに入れてある煎り豆や干し餅を少々、水を飲みながら食べるだけという。

春に熊狩りをするときも同じように少食だ。御飯の他に缶詰ひとつだけというのはよくあるそうだ。味噌汁を飲むための味噌は持つが具は持たない。理由は荷物が多いと猟をするのに負担になるからだ。それで体力が持つのかと疑問に思うが、鈴木さんは気が張っているから大丈夫だと話す。熊狩り至上主義といった感じで徹底している。鈴木さんの方法が現代登山者にどこまで通用するか疑問だが、しかし、非常用にお握りを常に持って歩くことはぜひ真似をしてみたいことだ。

●エネルギーのためにたくさん食べる大食型（工藤さんの場合）

鈴木さんとは違い工藤さんはたくさん食べる。そのため猟の初日、つまり山に入るときは米や味噌、醤油をはじめおかずの類で一人三〇キロから四〇キロも背負うことになるという。

「たくさん歩き回るからたくさん食べないとやっていけない。御飯だけでも一日三合はしっかり食べます。山で捕れるイワナだとか山菜類もおかずにしてよく食べます。二〇年くらい前は山にいろいろなものがあって、おかずが必要なかったけれど、いまはおかずを持っていかなければならなくなった。おかげで重い思いをしているが、元気を出すためには仕方がない」

よく食べてよく歩く。その結果、肥らないどころかかえって体もよく引き締まることになる。

●多くは食べないが山の幸は好んで食べる美食型（吉川さんの場合）

吉川さんは基本的には食べる量は少ない。空腹になると、ポケットに入れてあるカンパンを五個、水を飲みながら食べると満足してしまうそうだ。また、朝に炊いた御飯の余りをお握りにして空腹になると少しずつかじりながら山を歩く。吉川さんは御飯が余ったからといって捨てるようなことはせずに、こんな具合にお握りにして持ち歩く。ちなみに休憩のとき以外は立ちながら食事する。

植物の種類を知ると山登りがもっと楽しくなる

獲物がいつ出てきてもよいように周囲を見ながら食べるのである。

しかし、夜はもちろん座って食べるがそれ以上に周りにある自然の魚や植物を調理して食べる。ミズやイワナのタタキをはじめナメコやマイタケなどの茸のごった煮からウサギ鍋など多種多彩。

「山に入ったなら、山の幸を味わってこそ山の有難味がわかります。そのために、図鑑などと首っ引きで勉強するから、ますます山を好きになる」

吉川さんの場合は山を楽しみながら熊をはじめ植物などの山のめぐみを得て過ごしているようだ。

吉川さんのような食事の仕方が重労働の熊狩りさえも楽しくさせてしまうのかもしれない。

おすすめの一汁一菜

決して豪華ではないが、山でしか味わえない本当の味

●イワナのタタキ

これは青森県のマタギの間で広くつくられている料理。用意するものはイワナと味噌、酢、サンショウと石。イワナを捕ったら生きのよいうちに頭と内臓を取る。頭は捨てずに味噌汁の具にするが、内臓は寄生虫がいるおそれがあるので土に穴を掘って埋める。それから石をまな板にし、その上にイワナを置き、大きめの石でゴツゴツ叩く。骨も一緒に叩いて粉々にしてしまう。やがて自然にイワナの皮が外れるのでそれは味噌汁用にする。叩き終わったら適量の味噌、酢、サンショウを混ぜてできあがり。なお、味噌汁はイワナの頭と皮だけでは若干寂しいので春ならコゴミ、シドケ、ボンナ、アザミ、秋ならナメコやマイタケなどを採って入れる。

これら以外のイワナの食べ方としては、塩をふって串刺しにするオーソドックスな方法やアルミ

タンパク質、カルシウムいっぱいのイワナのタタキ

ホイルにイワナと茸そしてレモンを入れて蒸し焼きにする方法もあるので、試してみてはいかがだろう。

●ミズ（ウワバミソウ）のタタキ

イワナのタタキよりも手軽にできる料理というより惣菜。用意するのはミズ数本と味噌。ミズは120ページの「来年も採れる方法」を参考にしてそのとき食べる分だけ採取する。一人当たり三本くらいが適量だ。

ミズを採取したら筋を取る。取らないと筋のために非常に食べづらい。筋を取ったらミズを適度な大きさに切ってナイフの背中で叩く。水分が出た頃に味噌を混ぜる。これだけで完成。五分もかからない。

下界でつくり方だけを知る分にはさほどおいしそうに感じられないかもしれないが、山で食べるとなかなかみずみずしく、味噌の味が生きておいしい食べ物である。

このミズは夏や秋にしか採れない他の植物と違い、春から秋にかけて採れるために結構重宝しているという。ちなみにミズは沢筋など湿った所に生育している。標準和名のウワバミソウは蛇が好きな湿った場所に生育しているためにつけられたとか。

ミズのタタキのときの味噌汁はなるべく油っぽいものを具にするという。たとえば熊やウサギが捕れたときはそれらの肉を入れる。寒いときなど体が暖まり元気が出るそうだ。

手軽にできてお握りに合うミズのタタキ

こうすればおいしい御飯を炊ける

御飯は固めのほうが腹持ちがよく、しゃりバテにもならない

鈴木さんは猟をするためにできるだけ装備を減らした人である。そのために御飯以外はサケ缶ひとつだけという食事が多かった。とりわけ春の熊狩りの場合は植物も雪の下に隠れてしまい、おひたしもつくれなかった。それだけに御飯だけはおいしく食べたいと気をつかって炊いたという。

その鈴木さんが御飯を炊くのに使ったのが飯盒。御飯の炊き方を再現してもらったので紹介しよう。

「冬場は水が凍っているから飯盒に雪を入れて焚火にかけます。グツグツ沸騰してきたら米を入れて煮ます。途中では絶対に蓋を開けない。一五分か二〇分ほどして音がしなくなった頃に火から下ろします。それから飯盒を逆さにして五分ほど蒸らすとできあがりです」

昔から「あかご泣いても蓋取るな」といわれたように、鈴木さんも御飯を炊いている間は蓋を取

米は山に入る前にあらかじめ洗って干しておく

らなかった。これは、途中で蓋を取るとなかの温度が冷えて、めっこ飯（芯のある御飯）になるからだ（工藤さんの場合は、炊きあがる頃に蓋を開けてみて、芯があると差し水をするという）。

炊く前の米自体はどうするのかというと、冬山では水を得るのが難しいので山に入る前に自宅で洗い、それをザルで干してから持っていくのだという。つまり干し米にするのである。

この方法は冬山ばかりでなく、山菜採りなどで山に入るときにも用いる。この方法だと山の水を汚さなくてもよいし、冷たい水で米を洗う手間も省ける。

ただし、鈴木さんによれば注意点がひとつある。それは御飯を炊くときは高度が高くなればなるほど目盛りより若干水を多くしないとおいしい御飯が炊けない、ということだ。では どれくらい増やすのだろうか。

「ほんの少しずつ。山の高さや天気によっても違うので一概にいえない。そのとき体で感じた分だけ増やす」

この答えだと現代の登山者を説得するのは難しいが、鈴木さんの場合は「体で感じたほんの少し」を加えただけで毎回毎回おいしい御飯が炊けたというから驚異的だ。鈴木さんがいかに山と密着しているかというのがわかるエピソードだ。

なお、最近では飯盒を使って御飯を炊く人も少なくなってきたが、飯盒を使っている人はアルミホイルをうまく利用している。一度クシャクシャにしたアルミホイルをシワが残る程度にのばして飯盒の内側に敷く。こうすると御飯が焦げずにおいしく炊けるのである。

御飯は固めがよい

一方、吉川さんが御飯を炊くのは飯盒ではなく、大鍋を使うという。数人で連れ立って猟をするとき、マタギ小屋や雪洞などで一度に炊くのである。

持っていく米は家で洗ったり山で洗ったりとまちまちだが、山で米を洗う場合は、とぎ汁は沢を汚さないために直接沢に流さず地面に穴を掘って捨てたという。

標準的な水加減は手のひらがすっぽり入る程度がよい

水加減はどんな具合にするのだろう。

「鍋に米を入れてその上に手のひらをのせ、その手のひらがすっぽり入る程度の水加減だとちょうどいい具合に御飯が炊ける」

これはかつて御飯を薪などで炊いていた頃からいわれていることと同じ方法である。

「しかし、それは山菜採りなどのそれほど激しい動きをしなくてよいときに炊く方法です。猟をするときは、いくぶん水を少なめにして御飯を固めにします。そのほうが腹持ちがいいからね」

御飯が軟らかいとどうしても空腹になりやすく、熊狩りの士気にも影響するからだという。

登山者も御飯を炊くときは若干、固めにしたらよいのではと話す。それだけでも、空腹からくる「しゃりバテ」が解消できるかもしれない。

山菜や茸など山の幸を食べる

マタギは山菜を生で食べることもある。旬をその場で味わえる最もよい方法だ

マタギは春に熊を狩るために山に入ったが、その頃、山はゼンマイ、ワラビ、タラの芽など山菜の宝庫になっていて、彼らの格好の御馳走になった。まず工藤さんはよくアザミ（主にナンブアザミ）を食べた。

「アザミは下ごしらえに茎の皮をむかなければならないが、三〇センチくらいのアザミの若芽や茎を採っておひたしやてんぷらなどにして食べました。春一番に出てくるので重宝しました。なかでも熊鍋に入れると味がよくなるので欠かせませんでした」。アザミ以外にはコゴミ（クサソテツ）、シドケ（モミジガサ）、ボンナ（ヨブスマソウ）なども入れたそうだ。

吉川さんは味噌汁にアイコ（ミヤマイラクサ）の葉や茎を入れた。アイコは胡麻和えや、ゆでて

さまざまな山菜を知り、食べることは山をさらに知ることにつながる

酢醤油で食べるとおいしいそうだ。これら以外にはゼンマイやカタクリの葉を湯がいておひたしにしてよく食べた。またコゴミを焚火で焼いてそのまま食べると、ホクホクして旨いという。

山菜の王様といわれるタラの芽。これはてんぷらにすると最高だが、猟をしているときは生あるいは味噌や醤油をつけて食べるという。ただし、ウルシの芽と間違えて食べないようにしてほしいそうだ。タラの木とウルシの木はなぜか隣り合って生えることが多い。違いはタラの木には棘があるが、ウルシの木には棘がないことだ。

初夏になると、よく食べたのがウド（茎と根の部分）とネマガリタケ。これは生でも食べられるが、焚火で焼いて味噌をつけるとおいしさが増す。

秋は茸《きのこ》の季節。ナメコ、マイタケなど茸のごった煮はこの季節の御馳走だ。マタギは茸を探すのが早い。ミズナラの大木の下にはマイタケ、ブナやナラの枯れ木にはナメコ、ブナやカエデの枯れ木にはブナハリタケがなることを知っているために木を目標にして探し当てるからだ。

ただし、毒茸には気をつけよう。日本には食べられる茸が約一〇〇〇種類あるが、毒茸にはツキヨタケをはじめクサウラベニタケ、カキシメジなど約二〇〇種類もあり、誤食すると死に至るときもある。吉川さんは毒茸かそうでないかを調べるとき、少し噛んでみるそうだ。すると、苦い味がしたり、舌がピリピリするので毒茸と判断してやめる。しかし、これはあくまでも吉川さんの方法である。登山者は図鑑などで調べて危ないと思ったら手を出さないのが賢明である。

食べられる茸と間違われ、よく中毒を起こすことで知られる毒茸の数々

イチゴやマタタビ、山の果実をおいしく食べる

山の果実は疲労回復にはよいばかりでなく、果実酒にしても楽しめる

マタギは山からのめぐみとして山菜ばかりでなく、果実も食べた。その筆頭は野イチゴの類。全部で五〇種類もあり、クサイチゴ（五～六月）、モミジイチゴ（六月）、ナワシロイチゴ（六～七月）、ヘビイチゴ（六～八月）、バライチゴ（八～十月）という具合に長期間にわたって実をつける。甘酸っぱい野イチゴを食べると、山での作業の疲労が軽減されたという。

甘酸っぱいといえば、ヤマブドウもよく食べた。食べるだけでなく、適量を家に持ち帰り、ジュースやジャム、果汁入り寒天もつくったという。

吉川さんは、初夏になると実が熟すヤマグワの実をよく食べた。黒く熟した実は食べると口のなかが黒くなるほどだが、その甘さは何物にも代えがたいそうだ。

工藤さんは、秋に黄色く熟するマタタビの実を好んで食べた。これは疲労回復に効果があるそう

甘酸っぱい山の果実は疲労回復にも役立つ

だ。マタタビ以外にもマンゴーのような味のするヤマボウシの赤い実やヤマブドウに似たエビヅルも甘酸っぱくておいしいそうだ。ヤマグリは元気が出るが、多食すると、腹痛を起こすという。

熟して口を開けたアケビも秋の味覚として忘れられない。ふつうは皮のなかにある甘い果肉の部分をしゃぶって種を出すものだが、皮も食べるという。調理方法は皮のなかに肉やタケノコを入れて蒸したり、焼いたりする。少し苦味があるものの、ナスを焼いたようなものに仕上がり、御飯のおかずにも向いている。

山の果実で果実酒をつくる

マタギは山の果実を持ち帰って果実酒をつくることもある。サルナシ、マタタビ、ナナカマド、ガマズミなどの実を主に使用する。なかには果実ではないが、クロモジ（トリコシバ）の小枝を材料にする人もいる。

持ち帰った実をよく洗ったあとに、布巾などで表面についた水分をよくふ拭き取る。器はガラスでできた広口瓶にする。瓶に果実を入れたら焼酎を注ぐ。その量は果実の量の三倍程度。さらにその瓶のなかに果実の量の三分の一程度の氷砂糖を入れ、密封する。約三か月から半年後に熟成している。なお、果実酒向きの実は生で食べて甘く感じるよりも少し酸味のあるほうがよく、もし甘味が強いと思われるときはレモンを入れて酸味を補って調整するとよいそうだ。

水洗い
サルナシ(秋)
約3倍のホワイトリカー
フキンで水を拭きとる
3~6ヶ月で出来上り
水洗い
クロモジ(通年)
小枝をビンに入る長さに切る
1日乾燥
約一週間後 枝を引き上げる
約3~5ヶ月でビターのきいたリキュールが出来る
約3.5倍のホワイトリカー

登った山を思い出しながら果実酒を一杯やるのも乙なもの

来年も再来年も採れる方法

マタギは自然を子孫に残すため植物を採取するのにもマナーがあった

山を歩いていて、目の前にたくさんの茸があったとしよう。ほとんどの人は根こそぎ採ってしまうのではないだろうか。しかし、マタギの場合は、全部採ってしまうようなことはしない。半分だけ採り、残りは手をつけない。全部採ってしまうと、翌年ばかりでなく、その後も採れなくなるからだ。だが残しておくと、翌年以降再び生長した茸を採れることになる。これは山では自然再生物、つまり、繰り返し採れるもの以外は採らないというマタギの考えからくるものである。この考えが先祖代々続き、それが子孫に受け継がれている。その結果、自然が絶えることなく、いまでも採れるようになっているのである。まさに今の時代に必要な再生文化の先駆者マタギの真骨頂がここにある。

具体的な採取の仕方を紹介しよう。

翌年再生しやすいように、なるべく残すように採取する

●ミズ（ウワバミソウ）の場合

沢筋にミズが六本あるとすれば、今年は根を残して二本切り取る。残り四本はそのままにしておく。翌年、ミズは再び六本生えてくる。翌年は、今年採らなかったほうの四本を切り取る。こういう具合に交互に採っていくと、ミズの生長に悪影響を及ぼさずに質のよいミズを食べることができる。

●マイタケなど茸の場合

マイタケは四、五〇〇年ものミズナラの古木の根元に白い花が咲いたようにできる。

マイタケなど茸も全部採らないようにする。採っても約八割。二割は残しておくのがよい。二割だけでも茸から菌が落ちて翌年も再び茸ができる。翌年、二割採って八割残すようにする。

この方法で長年、マタギは茸を守ってきた。しかし、最近ではプロの山菜採りが根こそぎ持っていくばかりでなく、残した二割あるいは八割も採ってしまうという。そのため残した分は踏みつぶす方法をとっていると話すマタギもいた。

●フキの場合

フキは山菜のなかでも山中ではよく目につく植物で、葉はもちろん茎もよく食べる。三月から五月頃にかけて葉が地表に出る前に花茎が伸び出す。これがフキノトウ（バッケ）と呼ばれるもので、そのままてんぷらにしたり、アク抜きして味噌汁や煮物にする。

フキは周りから少しずつ切り取る

フキノトウが終わると、地下茎から葉が出てきて、やがてよく見るフキになる。フキはひとつの株から何本もの茎が出る。採取するときは外側にある茎を数本、根を残して採るようにする。その際は残す茎に傷つけないようにする。フキは少しでも傷がつくと腐りやすいためである。一本が腐ると、全体的に腐ってしまうそうだ。

工藤さんはフキを切ったら根の部分を踏みつける。そうすると、腐りが早く、他の部分に影響を及ばさないだけでなく、登山者が根につまずいて転ぶこともないのだという。

●ヤマメ、イワナの場合

山のなかに入り、渓流釣りを楽しむ人は増えているが、釣り方にもマタギには流儀がある。ヤマメなら一五センチ以下、イワナなら二五センチ以下は捕らないようにしていることだ。もし、釣れたらどうするかというと沢に放流する。その際はいちいち測るのではなく、あらかじめ自分の手のひらを開いたときの長さを測り、参考にする。一般男性が手のひらを広げると親指と小指の間の長さは二〇センチくらいだ。

「山のことをよく知らない釣り人に限ってたくさん釣りたがる。その日食べる分だけにしてもらいたい。たくさん釣っても食べきれずに捨てるだけだ。欲張らないようにしてほしいものだね」（吉川さんの話）

●熊など動物の場合

マタギは主に熊を捕るのが仕事だったが、子どもの熊は捕らないようにするのが掟であった。もし捕まえたら逃がしてやった。その子熊が成長し、数頭の子どもを残したと思われる頃に捕るようにした。

かつてマタギの一部は猟場である自分たちの山で熊の数が何らかの事情で減っていることがわかると、猟を中止にし、隣県やさらに遠い県などに遠征して熊を捕ったという。旅マタギといわれたそうだ。もちろん勝手にいくのではなく、熊が多く棲息している県から口伝てで情報が伝わり、出かけたのである。そして、現地のシカリ（統率者）に許可を得て猟をしたそうだ。こうして熊の頭数を調節してきたのである。

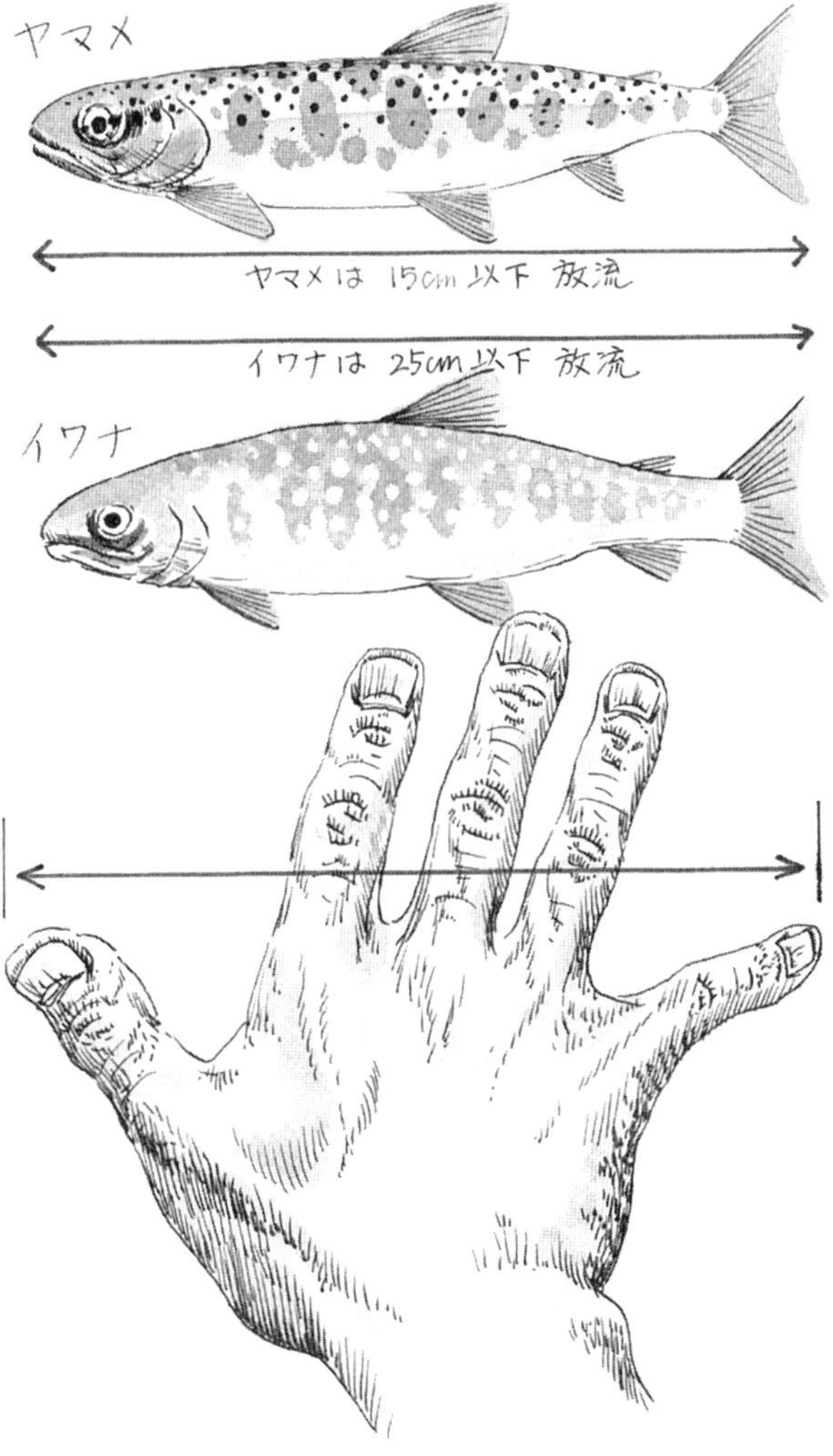

イワナなどは小物は捕らない。手のひらなどを寸法の目安に

地域によるマタギ言葉の違い

	青森県		秋田県		福島県	
	赤石	西目屋	阿仁	百宅	田子倉	檜枝岐
熊	シシ	シシ	イタズ	クマケラ	コシマキ	ナビレ
カモシカ	アオシシ、マカ	マッカ、アオシシ	アオ、ケラ、キラなど	アオ、アオシシ	カゴ	コシマケ
ウサギ	ダジイ	サグマ	ウサギ			
サル	シネカ	マシ	スネ			
犬	ヘダ	ヘダ	セタ	セタ		シシノコ
水	ワッカ	ワッカ	ワカ			
米	クサナミ	クサナミ	クサノミ	クサノミ	タガサ	ノハミ
山	テ、タカデ		イマ			
魚		ジャッコ	ワカ、モグリ			
味噌		ジゴベ	サギ			

これら以外には山形県の鳥海山麓ではクマケラ（熊）、アオケラ（カモシカ）と呼び、新潟県北魚沼郡下折立ではシシあるいはクマシシ（熊）、アオザイ（カモシカ）、シシコ（犬）と呼ぶそうだ。

なお、この表の作成はマタギからの直接の聞き取りもあるが、多くは秋田県北秋田市阿仁打当にある「マタギ資料館」の資料を基にした。

第6章

山中で快適に暮らす術

快適キャンプサイトの選び方

マタギのテントであるマタギ小屋は選びぬかれた場所につくられていた

マタギは山中にマタギ小屋をつくって猟をしていた。毎年、その小屋に寝泊まりして周辺を移動していたわけだが、どんな場所を選んだのだろうか。一九八〇年代、工藤さんと白神山地を歩いていたとき、実際のマタギ小屋に泊まったことがあるので、その場所を中心に紹介しよう。

まず、原生林であることが大切だという。原生林はなぜか夏は涼しく、冬は暖かい。また、原生林はブナをはじめさまざまな樹木が生えているため見た目にも心地がよい。反対に人工林は夏はムッとするくらい暑く、冬は寒い。見た目も、杉林を例にとるまでもなく、一律に並び、寒々しく感じる。

「原生林、とくにブナの原生林には熊をはじめいろいろな動物が棲んでいます。ブナの実など食料が豊富だからです。人工林は「死に山」といって下草も生えず餌もないので、動物も近寄らないど

原生林は見た目にもよいばかりでなく、森林浴にもよい場所

ころか避けて通ります」

ちなみにマタギに追われた熊が逃げるのは、人工林ではなく、やはり、ブナなどの原生林だそうだ。熊も安心するのだろう。

安心といえば、原生林は気持ちをリラックスさせてくれる森林浴の効果も高い。それは森林浴のもととなるフィトンチッド（樹木から発散される殺菌効果の高い気体）は、樹木が錯綜すればするほど多く出るためである。原生林は見た目にもよいばかりでなく、健康にもよいという不思議な存在なのである。

次に大切なのが近くに水場があること。それも岩場ではなく、樹木の間から流れている水場がよい。これは１３２ページにも紹介したが、樹木の間から流れ出る水はコクがあって旨いそうだ。しかし、実際にテントを張るときは水場のすぐそばには張らない。雨天のあとに鉄砲水に襲われたり、沢嵐といって夜間になると、上流から冷えた水が流れ込み夏でも寒い思いをするからだ。テントは水場から上方へ少なくとも二〇メートルは離す。

水場で大切なのは、水を汚さないことだ。よくキャンプ場の水場は、御飯粒だとか野菜くずなどが落ちて汚れている。

マタギはこと食料に関しては残った御飯は捨てずにお握りなどにして米の一粒までも大切にするために汚すことはない。また、洗剤も絶対に使わない。マタギが鍋を洗うときは枯れ葉や砂、そしてツルの皮を剝ぎ、それを丸めて洗っている。枯れ葉などで洗うのは一見、汚なそうに見えるが、こびりついた油汚れもきれいに落ちるそうだ。山に洗剤を持ち込まないでマタギ式鍋洗いを一度試していただきたい。ちなみにネパールのシェルパ族も鍋を洗うときは土や砂を使っていた。木で火を焚くので鍋底が真っ黒になるが、それ以外はいつもきれいなものだった。汚れは洗剤でなくとも落ちるのである。

なお、テントを張る場所はなるべく山の中腹がよい。水場が近いからといって高度を下げないようにする。寒いばかりでなく、夜が早く訪れ、夜明けが遅いためその日の行動に支障が出やすくなる。谷間では目覚まし代わりの鳥もあまり鳴かない。中腹にテントを張れば、翌日、テントに荷物を置いて頂上まで往復できて便利だ。

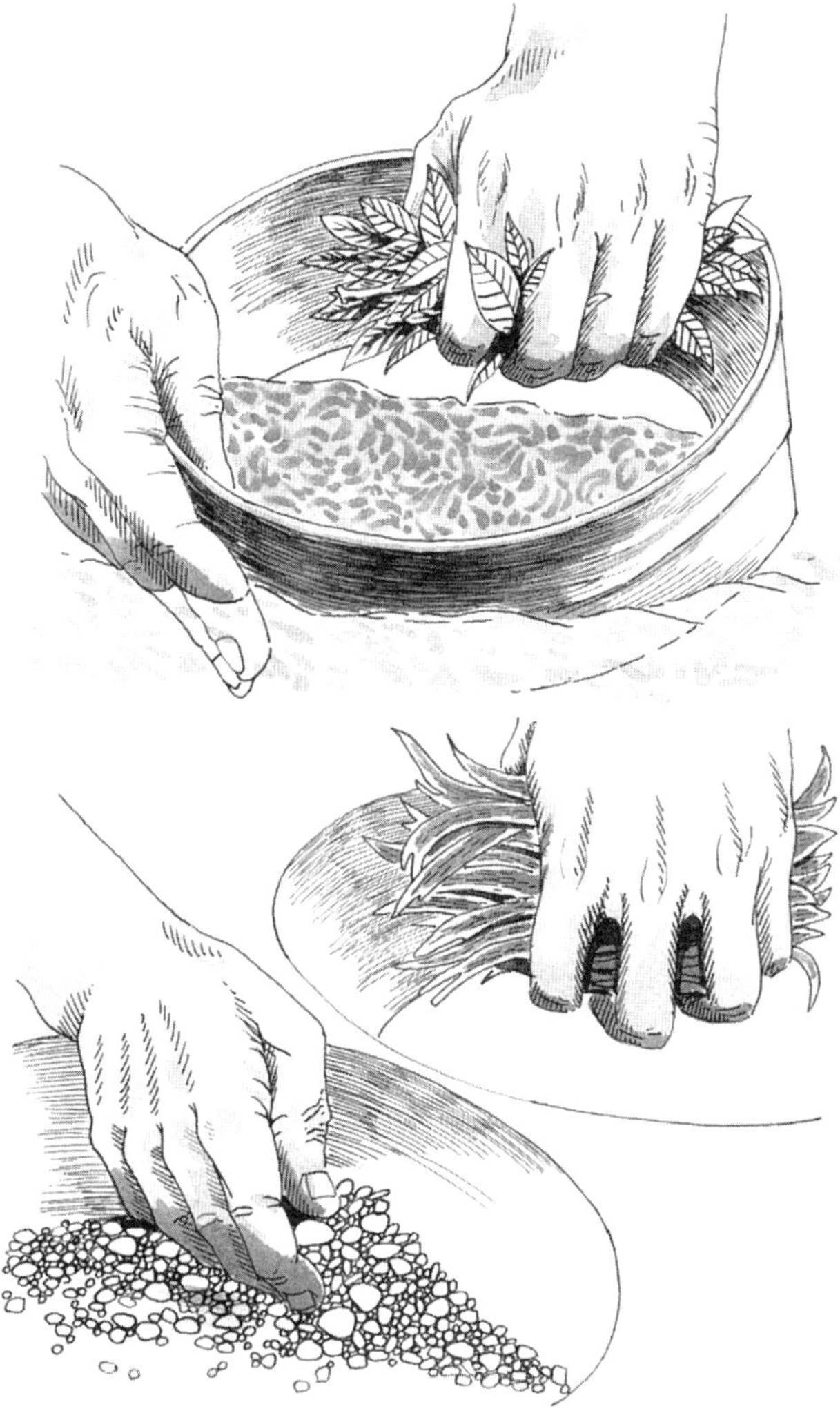

沢では洗剤を使わず枯れ葉や土、砂で鍋を洗う

おいしい水の選び方

山の水はブナ林が最高だが、逆に飲んではいけない水も増えた

山で飲む水ほど旨い水はない。登山者のなかには水を飲むために山にいく人もいるくらいだ。しかし、マタギはそれ以上に水の旨さを知っている。水をさらに旨く飲むためにフキの葉（168ページ参照）を使う。フキの葉（ホオノキやササの葉もよい）で飲むと、水の味がよくなるばかりでなく、葉の養分が出てビタミンまで摂れるという。

では、山のなかでもどの水が旨いのだろう。

「やっぱり原生林のなかを流れている水だろうね。それもブナ林のなかを流れている水。コクがあって旨い。反対に淡白でまずいのが岩場から出てきた水。どんなにのどが乾いていても岩場から流れ出る水は飲まないでブナ林に来たら飲むようにしている。ブナ林の水を飲むとほっとするよ」

（吉川さんの話）

樹林帯の水はコクがあり、岩から出る水は淡白

ブナ林のなかでは水が豊富であちこちに流れているという。それはブナが保水能力の大きい樹木だからだそうだ。

「ブナ林に入るときは水筒を持ったことがない。それだけ水を吸い上げては出す木なんだね。そうやって土中の水分を調節しているのでしょう。春の芽吹きの頃なんか木に耳をつけると吸い上げる音が聞こえるくらいです」

吉川さんはかつてブナをチェーンソーで伐採しているのを見たことがあるが、切り口から水が吹き出すように出て伐採を何度も中止しなければならないほどだったという。いかに保水能力がある木かということがよくわかる。

「ブナ林の水が旨いのはブナのなかを通っ

たり、土のなかに戻ったのをまたブナが吸ったりしているうちに養分を含んできて水にコクが出るからじゃないかな」

吉川さんはブナ林の水をすすめる一方、逆に飲まないほうがよい水というのも教えてくれた。たとえば、造林地が近くにある沢や川の水。これは植林をしたあとに散布した除草剤が流れ込んでいるおそれがあるからだという。

「除草剤よりもっと怖いのが魚を捕るために毒を流されたときの川。これは絶対に飲まないほうがいい。ちょっと見にはわからないけれど、よく見るとカジカや川虫が岸に死んで浮かんでいるのでわかる」

ちょっと信じられない話だが、吉川さんによれば何度か目撃したことがある。

上流に山小屋やキャンプ場がある沢や川の水も飲まないほうがよいとも話す。糞尿の処理が明確でない所が多いため、大腸菌が入っている可能性が高いからだ。

川の周りにいくら原生林があっても、護岸工事のされている川の水は飲まないほうがよいそうだ。

「護岸工事がされていない川は川岸にバクテリアが棲息していて川を浄化してくれますが、護岸によってその作用がストップされるので汚れているのです」

清流と呼ばれた赤石川でさえ昔の見る影もなく汚れきっているという。何かしら寂しい水の状況になってしまった。

原生林から出る水以外は要注意の水が多い

マタギ流快適便所のつくり方

自然を大切にし、あとから来る人を不快にさせないための便所づくり

「最近、白神山地に登山者や山菜採りの人が多く入るようになって目につくのが便の後始末の悪さだね。あちこちに紙と便が散らばっていて不快きわまりない」（吉川さんの話）

登山道から離れた林のなかならまだよいが、堂々と道の真ん中だったり、沢のすぐそばだったりするから幻滅するという。これは沢をはじめとした自然を汚すばかりでなく、野生動物が糞を餌にした結果、人間のいる所に出没して危害を加えないとも限らない。絶対にやめてほしいという。

吉川さんに最低でも守ってもらいたいマナーを教えてもらった。

「沢のすぐそばには絶対にしない。沢筋から最低でも二〇メートルは離れた山側にする。便は土のなかで長い間かけて分解されて土になるけれど、距離が近すぎると分解される前に沢に流れるからなんだ。そして沢が汚れる。その水を下流の人が飲むことになる。それを考えるとできないはずだ。

山では少なくとも沢筋に用をたさないエチケットが必要だ

それからミズやフキなど食料になる植物に小便をかけたり、そのそばで便をしない。誰が食べるとも限らないし、第一自然のめぐみに対して失礼だ」

　また、便をしたら野ざらしにするのではなく、せめて砂や土をかけて隠すようにしてほしいとも話す。

　これは余談だが、ネパール人は山中に散らばるトイレットペーパーを極度に嫌う。彼らは用をたしたあと、トイレットペーパーを使わず手で洗い流す習慣があるためだが、山に捨てられているトイレットペーパーを不潔だと見ている。実際、エベレスト街道のあちこちではトイレットペーパーがひらひらしていて、よい印象がするものではなかった。

　これは最近増えつつある日本人トレッカーが

落としていくという批判も現地の人から出ている。マナーの悪い日本人といわれないようにしたいものだ。

においのしないマタギの便所

実際のマタギの便所製作方法を紹介しよう。まずは工藤さんの場合。工藤さんも吉川さん同様、あちこちに便をするのには反対で、一点集中型であった。

まず、寝る場所から少し下がった所にトイレをつくる場所を決めた。それだけでもにおいが来なくなる。もちろん沢筋から二〇メートルほど奥まっている。

そこから深さ五〇センチ、二〇センチ四方ほどの穴を掘り、ビニールシートで周りをグルリと囲んだ。ここまではふつうだが、そのあとにサワグルミの葉やフキの葉を持ってきて便所の横に置いた。葉は便の上に被せるように置くということだった。こうすると、便のにおいもしないし、腐葉土になりやすいのだという。

どれほどの効果があるものかと疑問だった。しかし、翌日に実際使用してみると、においがなく、逆に木の葉のにおいがして快適そのものだった。マタギの知恵である。なお、トイレットペーパーがなくなったら、フキの葉やトチの葉、ホオノキの葉などを使うとよい。これらの葉は大きくて柔らかい（１６８ページ参照）。

風倒木のぽっかり開いた根の跡を便所に利用する

吉川さんの場合はダイナミックなつくり方をしている。

「風倒木など根こそぎ倒れている木を探すんです。根の部分にごっそり穴が開いているのが好都合。もし埋まっていても葉が多いからすぐ掘れるんです。用をたしたら穴の周りにある葉とか土をかけるとそれで十分。やがて腐葉土になってしまう」

これは猟をして疲れたときなどに利用する方法だとか。疲れたときでもあちこちに用をたさないという、自然を大切にするマタギの気持ちがよく出ている。ちなみに風倒木の根をペーパーホルダー代わりにするのもひとつの手という。

山では用をたすことひとつとっても、その人の山を愛する姿勢が表れるようだ。

ビバーク術①ビニールくるまり術

ビニールとササがあればどこでも眠れる方法

日本の登山の黎明期、明治、大正の頃はあまり山小屋などなかった。そんな頃、登山の先駆者たちはどういうふうに山のなかで寝ていたかというと、油紙一枚持ってハイマツのなかに飛び込んでいた。油紙にくるまって夜空の星を眺めながら眠りについたのである。さぞかし、いまと比べて星がきれいだったに違いない。

そんな体験をいつかしてみたいものだと思っていると、吉川さんがそれとよく似た方法を教えてくれた。題して「マタギ流ビニールくるまり術」である。

ビニールはビニールハウス用のものを使い、長さは三メートルは必要。吉川さんはこのビニールを小さくたたんでザックに入れていつも持ち歩いている。そして、いざとなったらそれにくるまって寝てしまうのである。いささか寒そうだが、吉川さんにいわせれば、ビニールが外気を遮断する

クッション代わりのチシマザサを集める

のでなかなか暖かいそうだ。

実際に使うときの注意点をいくつか紹介しよう。

まず寝る場所は風当たりが弱い灌木帯がよく、沢からなるべく離れた所にする。沢が近いと昼はまだよいが、夜は水温が下がり、周辺が冷えるからだ。それに沢の音が邪魔をして、熊などの野生動物が来ても足音が聞こえず、寝込みを襲われないとも限らない。

また、周りに急な斜面があるような場所はやめる。雨が降ったあとなどに鉄砲水が出たり、崖崩れが起きたりする。

設置場所が決まったら、クッション代わりにチシマザサを地面に敷く。チシマザサだけだと少し固いので、ブナの葉やフキの葉などを敷くと固さが軽減される。クロモジ（トリコシバ）は枝から発するにおいが安眠剤になるといわれているので興味のある人は探し出して敷いてみるのもよいだろう。

チシマザサなどの植物は多めに集めておく。寒いときにかけ布団代わりにするためである。かけるときはチシマザサの方向を同じにしないで上下を逆にしたりしてかける。そうすると、寝返りを打ってもなかなかずれなくなる。こうしておけば、急に雨が降り出したり、霜が降りてもダメージが少ない。なお、疲れているときは足を若干上げて寝る。木では痛いので、チシマザサをツルを剥いだ皮などで縛って利用するとよいという。

ビニールを巻きつけ、チシマザサをかけ布団代わりにする

ビバーク術②誰にでもできる小屋づくり

ツェルトを持っていないときに覚えておくとよい
マタギ流簡易小屋のつくり方

山を歩いていて雨がポツリポツリと降ってきた。雲行きもあやしげだ。かなり山奥に入ってきているために戻るのにも時間がかかる。近くに山小屋もない……。こんなとき、登山者ならツェルト（簡易テント）を出してビバークするが、マタギは周囲に生えている植物を利用して簡単な小屋をつくってしまう。慣れると一〇分でできてしまうというから非常時のためにも覚えておきたい。

まず、小屋を設置する場所は材料になるチシマザサが生えている灌木地帯にする。そんな場所は草木が繁っているために風当たりも弱い。また、水はけもよいのでテント場のように周りに溝をつくる必要もないという利点があるからだ。

場所が決まったらなるべく長めの木の枝を三本切る。これで小屋の支柱をつくる。木の枝を切る

支柱をしっかりつくっておくと風が吹いてもビクともしない

ときは切り口を斜めにすると、土に差し込みやすい。差し込んだら、天井部分で三本の支柱をツルの剝いだ皮などできつく結ぶ。これがいい加減だと倒壊するおそれがある。

支柱の補強も必要だ。支柱の約半分の位置を長めのツルを探し出してぐるりと周りを囲む。これでほぼ完成。あとはチシマザサなどを立てかけていくだけだ。とはいっても若干コツがある。「チシマザサを立てかけるときは一本をふつうに差したら次は上下を逆にして差すといい。葉の向きが変則的だとそれだけ雨が入りづらくなる。心配だったらチシマザサをさらに重ねるといい」

チシマザサをかけたらビニールを被せる。これは140ページでも紹介したが、ビニールハウス用のもの。吉川さんはビバーク用にいつも持ち歩いている。もっとも、チシマザサを十分にかければよほどの大雨でもない限り雨はしのげるそうだ。座る部分にもチシマザサを敷き、そのなかにコゴミ、シダ類を織り込むと暖かくなる。

この小屋をつくる方法以外に、もっと簡単な方法がある。いわば片側方式というもの。木の枝を二本、自分の身長ほどの間隔で支柱として立てる。立てたら一メートルくらいの所にチシマザサを横棒にして支柱に結びつける。その横棒に簡易小屋のときの要領でチシマザサを立てかけていくとできあがり。これで十分に雨風をしのげる。ただし、強度が弱いので風向きに注意する。山から吹き下ろす風を防ぐためにチシマザサを立てかけるのは山側にし、入り口を谷側にする。これが逆だと冷えるばかりでなく、突風が吹いたときに小屋が倒壊しやすくなる。

チシマザサの上にビニールを被せると雨は入らない

ビバークしてはならない所

沢筋はもちろん野生動物が歩くことによって落石が起きる岩場の下も厳禁

吉川さんは、白神山地に詳しいために遭難が起きるとよくかり出されるそうだ。いままでに何人も救助したことがあるという。

「三年ほど前でしたが、大学生のパーティが山から下りる途中で疲れてしまって沢筋にビバークしたんです。運の悪いことに夜半から雨が降り出してやがて洪水になってしまった。それまで寝ていた学生の一人が驚いてテントから飛び出したら濁流に飲まれて死亡、他の人はテントにしがみついていたので助かりました」

救助にいって気がついたのは、テントのすぐそばに土手があり、そこが少しも水を被っていなかったことだ。その距離わずか五メートル。吉川さんは、そのわずかな距離を歩けば死ぬこともなかったのにと悔やむ。学生たちは、疲れていたことと下山が夜になったために土手に気づかなかった

夜になると沢は急劇に冷える。マタギは沢嵐と呼び近づかない

らしい。

「沢筋や河原にテントを張ってはいけない。沢から離れて一段高い所に張ることだね」

しかし、それも仕方なく張る場合という注釈つきだ。本来は沢の音がする所にはテントを張るものではないという。第一、沢の音がやかましくて安眠できないし、もし、熊がやってきても足音を判別できないからだ。そればかりではない。沢は夜になると急激に温度が下がり、その周辺の温度を下げてしまう。吉川さんはそれを「沢嵐」と呼んで警戒している。「もし、沢のそばにテントを張るにしても入り口を沢に向けないとか夏でも入り口をしっかり閉めるようにしたい」

ちなみにマタギが猟をするときに使う小屋の入り口はなるべく沢の反対方向につくられているそうだ。

吉川さんたちがビバークしない所は沢以外にもある。岩場の下がそのひとつ。

「猟に出るとよく岩が落ちてくる。見るとかならずカモシカやサルが歩いている。彼らは岩場を使って移動するからなんです」

カモシカは人間を見るとよけい速く逃げるため、その勢いでより大きな岩が落ちてくることもしばしばだとか。

ちなみに落石のよけ方は、闇雲に逃げないこと。落ちる方向をよく見極めてから逃げるとよい。それというのも、岩は思わぬ方向に飛び、逃げた方向にバウンドして飛ばないとも限らないからだ。

枯れ木の下も危ない場所だ。いついかなるときに枝が折れ、テントに突き刺さるかわからない。

「どうしても樹林帯のなかにテントを張らなければならないときは、なるべく若くて低い木の下にしてほしい。間違っても高い木の下にはしない。雷が鳴ったときに落ちやすいのです」

眺めがよいからといって稜線にテントを張りたがる人も多いが、これもしてはならない。テント設営中に突風が吹いてテントごと飛ばされるおそれもある。風をよけるためにもかならず稜線から外れた一段低くなった所にしたい。また、稜線にテントを張っているとテントのポールが避雷針代わりになって雷が落ちやすくなることも覚えておいてほしい。

危険を予知しながらテントを張るように心がけたい

冬のビバーク方法

マタギは薄着でもどこでも眠れなければ一人前ではない

冬と春に熊狩りをしたマタギはどんな所に寝ながら猟をするのだろうか。一番多いのは事前につくってあるマタギ小屋に寝泊まりする方法。雨風をしのげる程度の安普請の小屋だが、これをベースに周辺の山を歩き回る。しかし、熊を追っているうちにマタギ小屋から遠く離れ、途中でビバークしなければならないことはたびたびある。そんなときは雪洞を掘ったり、あるいは木の洞や岩穴などを利用するという。また、１４０ページに紹介した吉川さんのようにビニールにくるまる方法を冬にも使い、寒い夜を過ごすこともある。

一番過酷なのは、鈴木さんの方法だろう。

「なるべく風のこない所に雪ベラで簡単な囲いをつくり、そこに杉の枝を切って敷きます。そして日頃着ている犬の皮を被って寝ます。それだけ」

マタギのビバークは過酷なものだった

もちろん焚火は絶やさない。しかし、なぜ痛い杉の枝をわざわざ敷くのだろうか。

「熟睡しないためです。いくらマタギでも薄着をしているから風邪をひく。寒くなったら杉の枝を焚火でバリバリと音がするまでこがします。その上に寝るとしばらく眠れる。寒くなったらまた杉の枝をこがす。それの繰り返しですね」

そうやってうつらうつらしながら短くて一週間、長くて一〇日以上も猟を続けた。

「遊びじゃなく生活がかかっているから、みんな必死なんです。気を張っているから疲れもしない。山を下りて家で一日ぐっすり寝ると疲れなんか吹っ飛んでしまいましたね」

もし現代の登山者が鈴木さんの方法を真似したら、たちまち風邪をひくか凍死につながるのではないか。マタギ、いや百戦錬磨の鈴木さんだからできるビバーク方法だ。しかし、一般登山者にも鈴木さんのようにいったん山に入ったら気を抜かない精神力の持続と、寒いときに眠らないように杉の枝を敷く方法は役立つのではないだろうか。

それを踏まえたうえで冬山に入ったり、ビバークすれば毎年のように起きる冬山の遭難も減るかもしれない。

なお、現代の登山者が可能な冬のビバーク方法は155ページのイラストに紹介したとおり。そんなときに欠かせないのが焚火だが、186ページに紹介したので参照されたい。

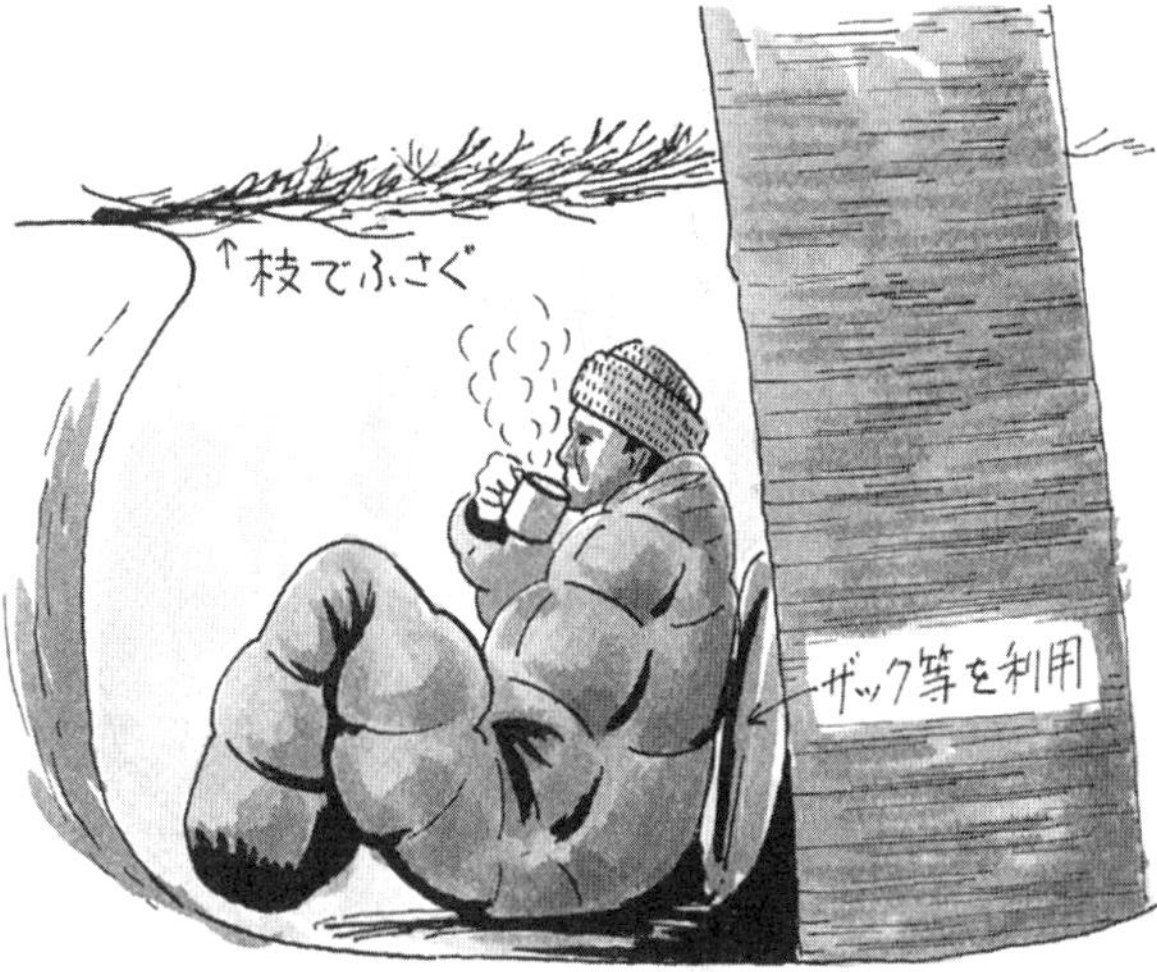
木の根元の雪穴を利用する

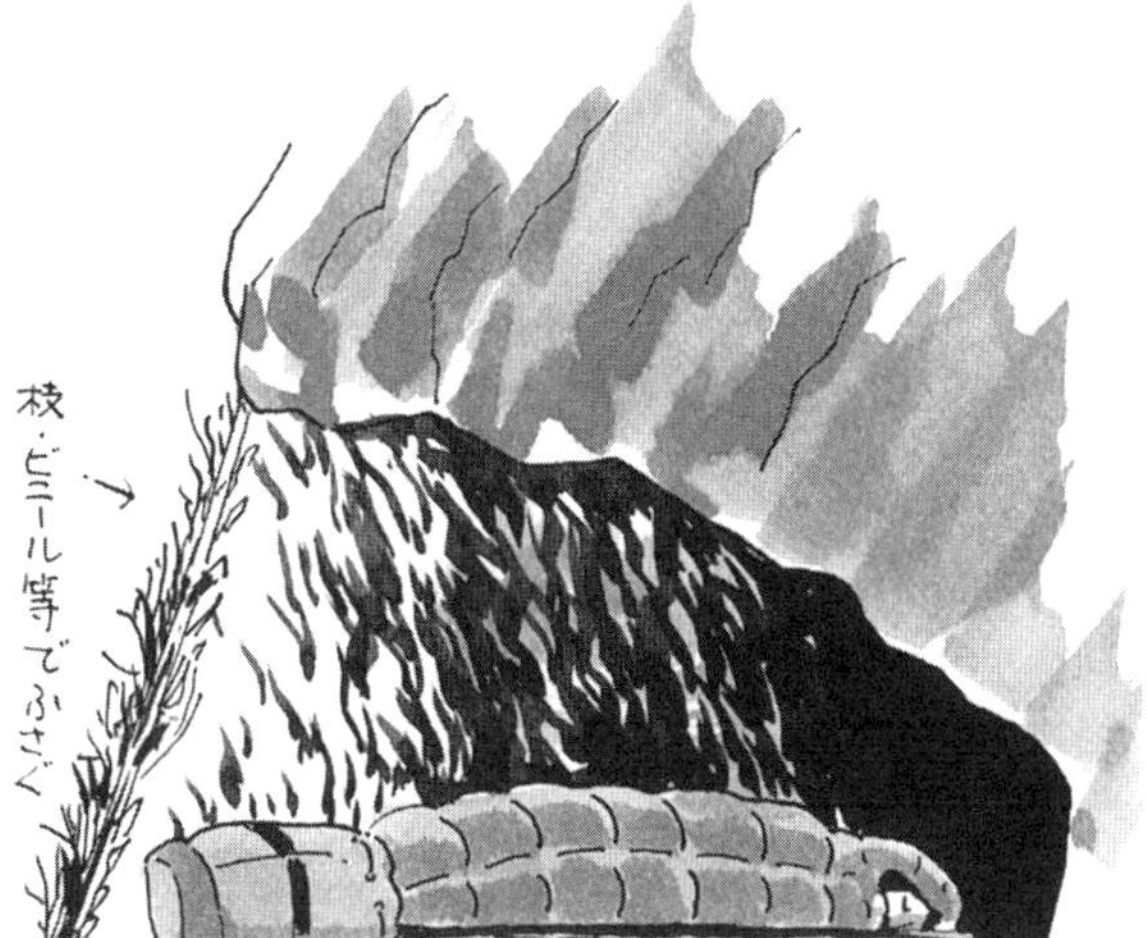

なるべく冷たい風に当たらないようにするのがコツ

マタギ資料館

マタギ資料館は打当温泉「マタギの湯」館内に併設してある。合掌づくりの立派な建物には、本書でも紹介した阿仁マタギの鈴木松治さんをはじめ地元マタギが提供した伝統ある生活用具や北秋田市教育委員会が独自に集めた資料などが多数展示されている。これら以外にはマタギの猟を撮影したビデオや熊、キツネなどの動物の剥製なども見ることができる。

マタギは東北各地に存在していたが、これほどの資料を集め展示しているところは他にないという。

また、マタギの湯では「マタギ学校」も年間を通して開催しており、マタギ経験者から狩猟の体験談や熊の生態、狩猟の道具、風習などを聞くこともできる。

体験談ばかりでなく、実際に立又渓谷などを歩いたり（六〜一〇月）、カンジキを履いて雪山を歩いたり（一〜三月）、さらには雪中鍋といい、山のなかでマタギが実際に食べた鍋を再現して参加者と食すこともする（二〜三月）。マタギ経験者は本業があり、調整する必要から予約が必要という。

最寄りの駅は、秋田内陸縦貫鉄道阿仁マタギ駅で、駅から車で約五分。または徒歩で約二三分。温泉宿泊者には送迎バスもある。

マタギ資料館並びにマタギ学校の問い合わせは打当温泉マタギの湯☎０１８６（84）２６１２。また、近くには、阿仁熊牧場「くまくま園」もあるので行楽がてら寄ってみるのもよい。

第7章

秘伝、自然の工夫・利用術

マタギ流観天望気

マタギの勘に狂いはない。経験から生まれた役立つ天気予報の知恵がいっぱい

山の天候は刻々と変わる。局地的なものだけに天気予報だけでは判断できないことが多い。天気予報のない頃からマタギはどのように天気を予測していたのだろうか。教えてもらったなかで役立つ例をいくつか紹介しよう。たとえば、動物に関係したもの。

●熊が道を横切るとやがて天気が崩れる

「ふだん熊は人間を恐れているので人間のにおいがする登山道や林道を横切らないものです。しかし、じきに天候が崩れると察知した熊は道を横切って避難します」（工藤さんの話）

これは、決して熊があせって道を通るのではなく、天気が崩れることを察知した人間が山小屋に入るなどして道を歩かなくなるだろう、と逆に熊が予測しているところからきているのではという。

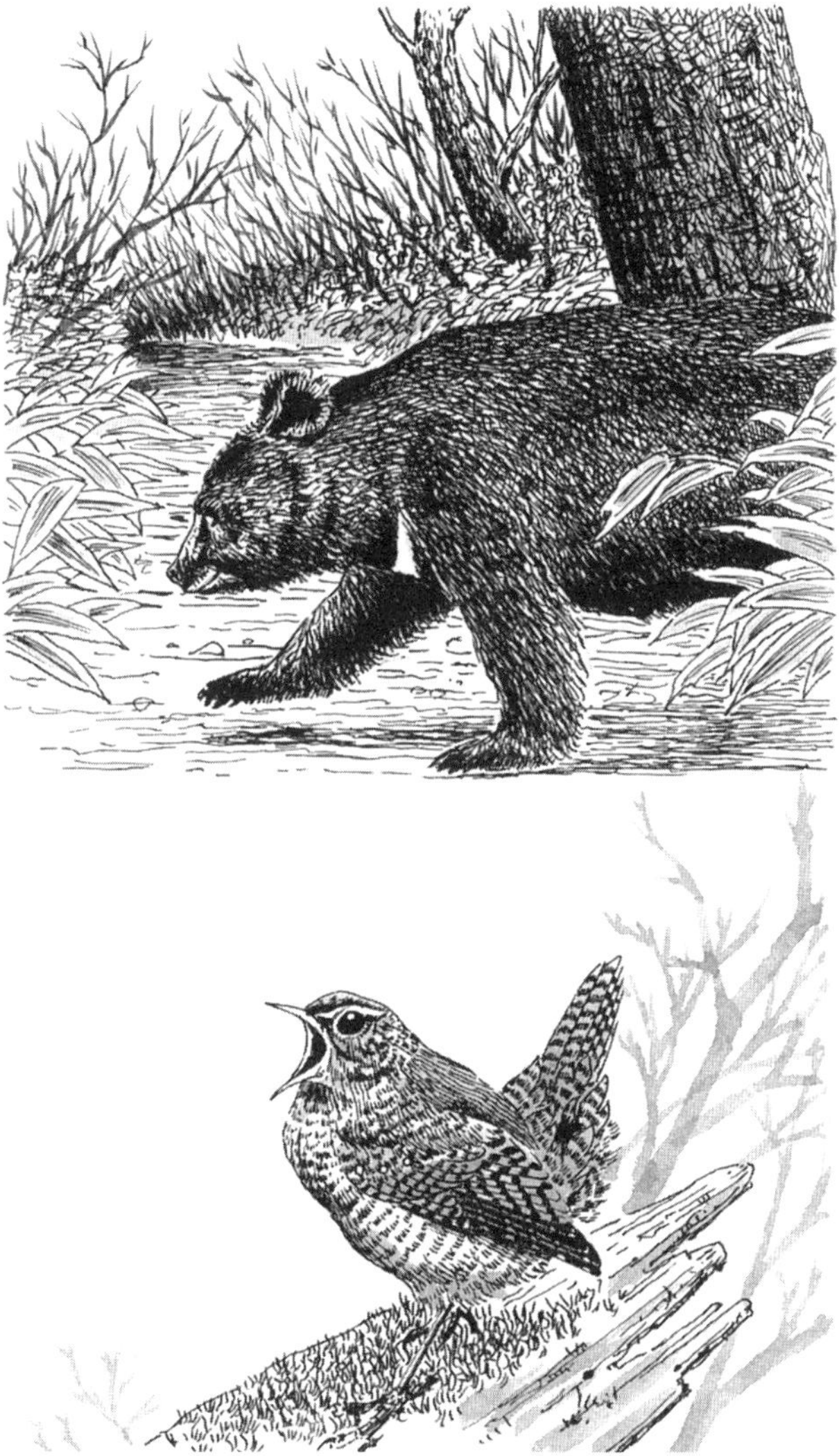

熊が道を横切ると天気が崩れる。朝からミソサザイが元気よく鳴くと晴れる

●クマゲラのドラミングが近く、はっきり聞こえると雨が近い

「雲が低く垂れ込めているので、その雲に音が反射するためにいつもよりよく聞こえるのかもしれません。私たちはクマゲラのドラミングがいつもより大きく聞こえると、早々に猟をひきあげたものです。すると、たいてい雨になりましたね」(工藤さんの話)

●夜行性動物が日中に歩いていると天気が崩れる

「タヌキやイタチ、テン、ウサギなどの夜行性動物を昼に見かけることがあります。そんなときは数時間後には天気が崩れます」(鈴木さんの話)

これはいうまでもなく、天気が崩れることを察知した夜行性の動物たちが安全な場所を求めて巣を離れるために起きる行動である。とりわけウサギが顕著だという。

「ふだんウサギは身を守るためにも眺めのよい山の斜面に穴を掘って棲んでいます。しかし、天気が悪くなることがわかると、斜面を横切って岩場など雨風が当たらない所に逃げるんです。いつだったか、そのことを知らずにウサギが昼間からピョンピョン跳ねているので捕っていたら、吹雪がやってきて大変な目に遭ってしまいました」(吉川さんの話)

いい伝えを知っていれば、吹雪に遭って寒い思いをしなくてもすんだ悪い例といえよう。くれぐれも気をつけたいものだ。

これら以外に「鳥のミソサザイが朝から忙しく鳴くと晴れる」(工藤さんの話)とか「羽蟻が出

夜行性の動物が日中歩くと天気が崩れる

てくると半日か一日後に雨になる」（吉川さんの話）というのがある。ミソサザイは天気がよくなるのを喜んではしゃいで鳴き、羽蟻は少しでも雨を防ごうとテントや小屋などに集まってくることがあるという。

動物以外でも観天望気はできる。

●山が近くに見えると半日か一日後に雨が降り、逆に遠くに見えると晴れる

「天気が下り坂になると、湿気が増えてぼんやりとするので近くに見えるのだと思います」（工藤さんの話）

●山鳴りがすると天気が崩れる

「晴れているときでも向こうの山からゴーッという音が聞こえたらじきに雨か雪になる。とくに台風前は前線が刺激され、雲の切れ間ができて快晴になります。しかし、それは嵐の前の不気味な静けさで、半日もすると山鳴りがして大変な大嵐になります」（吉川さんの話）

嵐の前の静けさを察知するとマタギは絶対に山に入らないそうだ。登山者も台風がくるという情報が入ったら、束の間の晴れだといって入山しないようにしてほしいと話す。

●煙の流れが変わると天気が崩れる

「朝晩、食事の用意をするために焚火をしていると、それまで上に流れていた煙が急に下に流れることがあります。そんなときは天気が変わるとみています」（工藤さんの話）

もっとも、地形によって煙の動きに違いが出るのはよくあることだ。しかし、煙の流れが急に変わったら天候の急変の合図とみて用心したほうがよいだろう。

●風がやんだら雨

「それまで吹いていた風が急にピタリとやんだら雨が降ると思ったほうがいい。風で雲が吹き飛ばされていたのが、急に風がなくなって雲がたまりやすくなるからです」（吉川さんの話）

もし、急な雨が降ってきたときはブナやイタヤカエデなどの広葉樹の下に雨宿りしよう。これらの木は葉が大きくかつ多いため雨をしのいでくれる。しかし、その際は幹に寄りかからないようにする。葉が集めた雨水が幹の表面を経由して根元にいっせいに流れるため、寄りかかると濡れてしまうからだ。ただし、雷が鳴っているときは、大きな木の下に避難するのはやめよう。落雷する危険性があるからだ。

こんな具合にさまざまなマタギ流観天望気を身につけている吉川さんだが、ここ数年、何の前触れもなくゲリラ的な雷雨に見舞われ、いままでの経験則があまり役に立たなくなっていることを知り、愕然とすることがあるという。白神山地にも地球温暖化の影響が表れていると考えたほうがよいのかもしれない。

ヤマメやイワナを釣る

吉川さんは常に釣り針とテグスを持ち歩く。非常時の食料確保にも役立つ

マタギにとってヤマメやイワナなどの川魚は貴重なタンパク源である。とくにイワナは山に入る間（三月上旬から九月下旬まで、それ以外は禁漁期間）はよく釣って食べ、過酷な労働の活力源にするという。

吉川さんは山に入るとき、歩く邪魔になるので釣り竿を持たないそうだ。持つのは釣り針とテグスだけ。それ以外はすべて現地調達である。まず、釣り竿はなるべく弾力性のある長めの木の枝を探す。それに適した木はハンノキやカツラ、ヤナギだという。選ぶコツは三メートルから五メートルくらいの木の枝で、少し振ってみてよくしなる生木がよい。

餌は渓流にいる川虫。トビケラの幼虫やカゲロウの幼虫である。これらは渓流にある石をひっくり返すと出てくる。あるいはカジカを捕ってそのまま釣り針につけたり、イナゴやバッタをつける

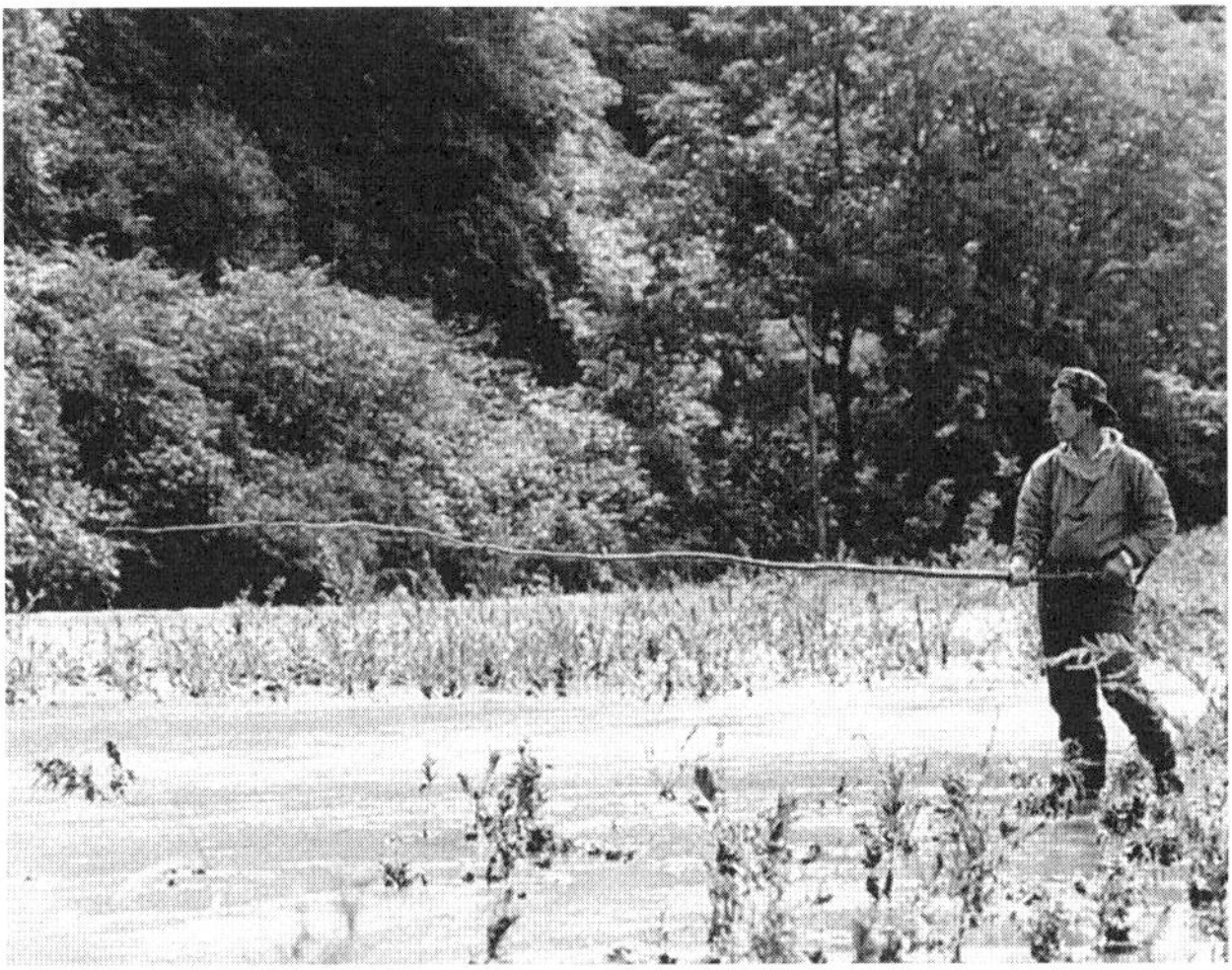

釣り竿はヤナギなど柔らかい木の枝を代用する

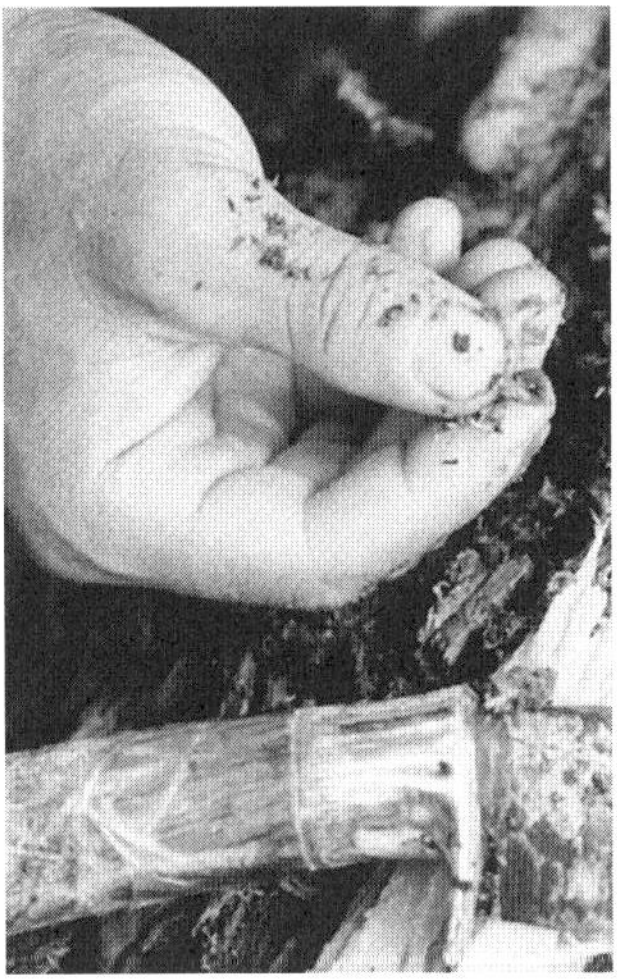

餌のミミズは、ブナの風倒木をほじくると出てくる

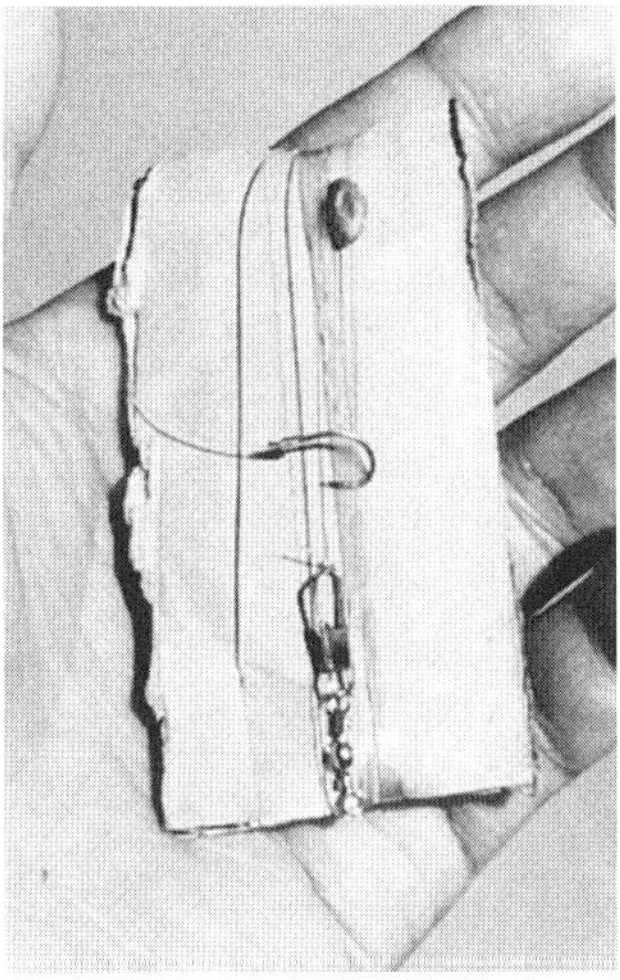

釣り針とテグスはかならず持って歩く

こともある。しかし、イワナが一番釣れるのはミミズだという。このミミズはブナの風倒木の腐った部分によくいる。吉川さんが林のなかに倒れていたブナをナガサで割っていくと、赤い色をしたミミズが出てきた。これら以外にはヤナギの木に巣くうヤナギムシや川にいるアブの幼虫などがよい。もし、浮きが必要なら油分が多く、水をはじくクロモジ（トリコシバ）の枝を使う。

「沢に入ったら音を立てたり、川面に自分の姿が映らないようにすることが大切」（吉川さんの話）

針を落とすポイントは、大きな岩の下や木の下など陰になっている所。こういう場所はイワナの棲み処になっている。そういう場所を見つけたら、針をしばらく川の流れに任せる。上流から下流に向けて流すのである。それから今度は逆に下流から上流に向けてゆっくり針を流す。決して慌ててはいけない。あくまでも川虫などが生きているように操作する。そうすると、イワナが銀鱗を見せて川面に現れ、餌に飛びつく。

その一方、釣り竿を使わないでもイワナを捕る方法もあるという。

「秋になると、イワナは水の量が少なくなった沢でバチャバチャやっている。そういうときは人間に対してあまり敏感になっていないので沢に入って手づかみで捕ります。さすがにイワナは岩陰などに逃げますが、手を入れてみるとヌルヌルしているのでわかります。イワナは腹を触られても感じないらしい」

慣れた人は手が滑らないように葉や砂などを手にしてイワナをつかみ捕りにしたという。

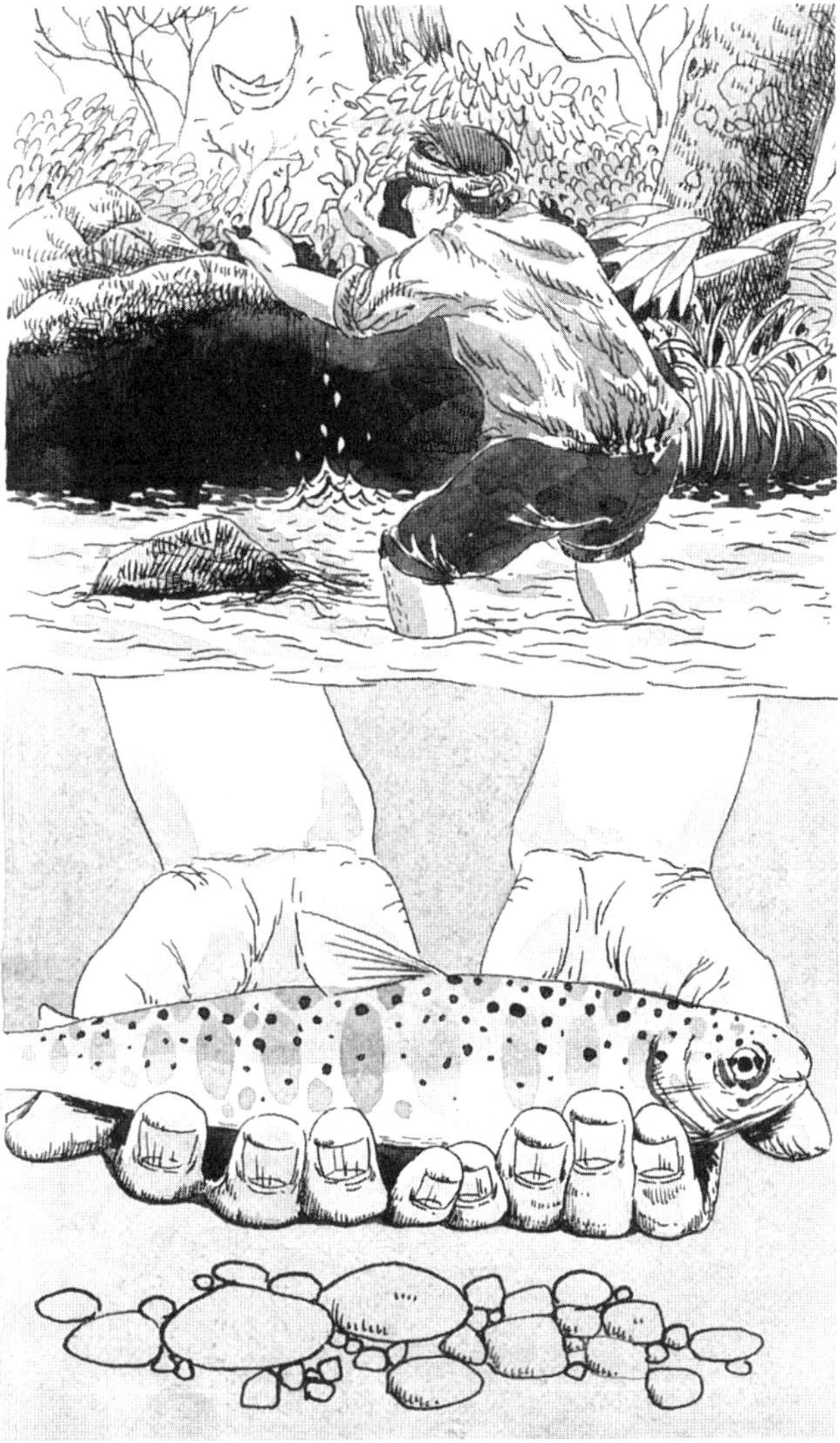

川魚は腹部が鈍感なので手ですくい上げて捕ることもできる

便利な山の葉の利用術

マタギはコップをつくることから尻を拭くまで幅広く木の葉を使う

山慣れた登山者が山で湧き水を飲むときはコップを使わずに両手に水をためて飲む。それがふつうだし、いかにも山で水を飲んでいるという雰囲気がある。

しかし、マタギは水を手では飲まず、葉を使って飲む。

「手で飲むよりおいしいんだ」そういって器用にもフキの葉をコップのようにして渡してくれたのは工藤さんだった。試しにフキのコップで水を飲んでみると、これが実に旨い。

「シソのような味が口のなかに広がって甘露」などと思わずいってしまったほどである。実際、手で飲む水よりも味がまろやかになるのは確かである。

以来、水を飲むときは、近くにフキの葉があると、それを169ページの写真のように丸めて使っている。

フキの葉でコップをつくる。水がたっぷり入り、味もよくなる

ただし、つくるときは葉にほこりがついているので二、三度水洗いしてからのほうがよい。洗っているうちに葉の養分が溶け出して味もよくなるとのことだ。

フキの葉をコップにするのは、吉川さんも行っていたが、171ページの写真のようにホオノキやササの葉も利用していた。袋状になって水がたくさん入るフキの葉と比べると、ホオノキの葉は水の量が少なく、いくぶん水が漏れがちだった。しかし、十分にのどを潤せたし、味もよかった。

この葉でコップをつくる方法はいつ頃から始まったのだろうか。

「いつ頃からかはわからないけれど、マタギは猟のために少しでも荷を軽くしようとコップを持っていかなかったために葉を利用したらしい。また、葉で飲むと何となく疲れが取れるといわれています。きっと葉からビタミンか何かが出ているのでしょう。山でビタミンを摂るのはなかなか難しいので、代々続いているのかもしれません」(吉川さんの話)

まさに一石二鳥、マタギの知恵といえよう。

葉によって食物を腐らせない働きもある

葉の用途はコップだけではない。昔は山でマイタケが採れたときは、クロモジ（トリコシバ）の葉やホオノキの葉に包んだりして下山したという。葉は包装材としても利用されていたのである。

また、ホオノキやチシマザサの葉には殺菌効果がある。昔からマタギは、食物を長持ちさせるた

ホオノキの葉でコップをつくる。これでビールを飲むのも乙

めにお握りなどを包むのにも使った。

とりわけ腐りやすいイワナやヤマメなどの川魚を釣ったときはよく利用されたという。

「川魚は内臓を取り除いたあとにホオノキやチシマザサの葉、あるいはフキの葉を魚の間に少しずつ敷いておきます。そうすると、葉を敷かないものに比べると夏でも半日や一日は持ちましたね」

(吉川さんの話)

山でヤマメなどを捕ったときに試してみてはいかがだろう。

ヨモギの葉を蚊取り線香代わりにする

夏山で困るのが蚊の襲来である。蚊取り線香を持参していれば問題ないが、ないときは一晩中、蚊に悩まされていなければならない。

そんなとき覚えておくとよいのがヨモギとフキの蚊取り線香だ。

「焚火にヨモギやフキの葉をのせるだけでいい。そのうちにいぶされて煙が出ます。効果てきめん、蚊が一匹も寄ってこなくなりますよ」

夏山を歩いているとき、ヨモギやフキを見つけたら、ザックに入れておきたいものだ。

マタギの葉の利用術はそれだけでは終わらない。先に紹介したようにコップにしたり、食物を包む以外にはトイレットペーパー代わりにも使う。つまり、食べ物の世話から下の世話まで葉にして

ヨモギやフキの葉を蚊取り線香代わりにいぶす

もらうのである。

「尻を拭くときはなるべく大きな葉がいいね。フキの葉やトチの葉、ホオノキの葉なんかが柔らかいからちょうどいい。チシマザサの葉は固いのでちょっと使わない。柔らかい葉は鼻をかむときにも使うよ」（吉川さんの話）

ただし、葉は尻を拭いたときはもちろん、鼻をかんだときでも山のあちこちには投げ捨てない。穴に埋めたりして土に戻してやるという。きちんと処理しないと自分も気持ち悪いし、山への冒瀆にもつながるからだ。

役に立つツルやツルの皮の利用術

マタギはツルをロープの代わりに利用したり、ツルの皮で袋をつくったりした

ツルというと、こんな武勇伝がある。あるマタギが熊が潜んでいる所を探し出した。そこは崖下五メートルほどの所にある洞穴だった。マタギはなんとかその大熊を仕留めようと考えた。そこでロッククライマーよろしくロープにぶら下がり、洞穴まで下りていって鉄砲で撃つことにした。しかし、そのとき、ロープを持っていなかった。

マタギはツルをロープの代わりに使えばよいと考えた。さっそく近くにあったヤマブドウのツルを切り出すと、そのツルの端を仲間に持ってもらうとスルスルと下りていった。洞穴からは何事かと思った熊が吠え立てた。そこを撃って仕留めた。それから一〇〇キロはあろうかと思われるその熊をツルで結んで引っ張り上げた。ツルがいかに強いかということを教えてくれる話である。

ツルといってもヤマブドウのツルの他にアケビ、フジ、マタタビなどがある。ツルなら何でもよ

ツルの皮は春から夏にかけて剝ぎやすくなる

いわけでなく、生きているツルでなければならない。死んで枯れたツルは簡単に折れてしまう。生きているツルは引っ張ってみると弾力性があるのですぐわかる。

もし、遭難して崖を下りなければならなくなったときなどはツルを探し出してロープ代わりに利用してみるとよい。

細いツルは紐代わりに使うこともある。たとえば、マタギは山中にマタギ小屋をつくったが、その際、支柱と支柱をツルで縛りつけた。ツルは時間がたつにつれきつく締まっていき、強風が吹いてもビクともしないという。

また、小屋のなかに侵入したネズミなどに食料を食べられないように小屋のなかに食料を吊るすときにも使われたという。

登山者の場合は、テントを支える紐を忘れたときやベルトが切れたときに思い出して代用品として使うとよいだろう。

ツルの皮で袋をつくる

マタギはツルそのものだけでなく、ツルの皮もうまく利用した。たとえばヤマブドウの皮でコダシという袋をつくった（81ページで工藤さんが背負っている袋）。皮は固いために柔らかくする加工をする必要があるが、その皮を細かく裂いて横糸と縦糸にして編んでいく。すると、頑丈な生地に仕上がる。大きなものは肩紐を通してザックのように背負い、小さなものは弁当入れにした。

一度つくったコダシは一〇年は使えるそうだ。それは、コダシが乾燥しても山に入ると湿気を吸い、元どおりになるためという。また、コダシは風通しがよいため、山菜や川魚を運ぶのにもうってつけだという。ちなみに北海道のアイヌはヤマブドウの皮を編んでシトカプ・ケリ（ブドウヅルの靴）と呼ばれるワラジをつくり、履いていた。

ツルの皮は、これら以外にも滑り止め用として使うこともある。沢を渉るとき、長靴のままでは滑るので長靴に巻くのである。実際にブドウヅルの皮を剝いで長靴に巻いて沢を渉ってみたが、巻かないときより確実に滑らず、安心して歩行することができた。これだと残雪期の山でアイゼンが

ツルの皮は沢を渉るときの滑り止めにも利用できる

ないときなどに滑り止め用として使える。ただし、吉川さんによれば、皮は途中でほどけないようにしっかりと結ぶことが大切で、幅は一センチから二センチほどの細さに切り、二回ほど巻くのがちょうどよいという。巻きすぎると、かえって滑りやすくなるためだ。

ツルの皮の使い方は、２２５ページに紹介するように、骨折したときの副木を縛る紐にも使える。また、余ったブドウヅルの皮は捨てるのではなく、細かくして丸めれば、丈夫なタワシとしても使える。

なお、ツルの皮が簡単に剝《む》ける時期は種類によって違うが、春から夏にかけてがよく、それ以外は若干手間がかかるという。

周りの自然状況で時間がわかる方法

太陽の傾きや鳥の鳴き声、そして本人の腹時計も大切なひとつ

「そろそろ一二時だから昼めしにしよう」とか「もうすぐ三時だから小屋に戻ったほうがいい」など、工藤さんと白神山地を歩いていると思い出したようにこういうことがあった。時計を見ながらそういうのだったら当たり前だが、しかし、見ていると、工藤さん自身は時計を見ずに何やら周囲の状況から判断している様子だった。しかも時計を見ると、五分と違っていないのだから驚かずにはいられない。いったいどのような自然の状況で時間を判断するのだろうか。

「まず太陽の傾き加減で判断します。太陽が山のどの位置にきているかということで大体の時間がわかります。たとえば、白神山地はV字谷になっている所が多いので、その谷のどこに太陽がくると何時かということで時間がわかるのです」

もっともそれは季節によっても違う。太陽の位置は、夏は高く、冬は低いからだ。

自然のなかでの時間の計測はいろいろな方法がある

「それもＶ字谷にくる太陽の位置で判断します。夏場はＶ字の上のほう、冬はＶ字の真ん中あたりという具合に季節によって変えて見るのです」

もし、空が曇っていて太陽がぼんやりしていたり、吹雪で太陽が見えなかったりしたらどうするのだろうか。

「曇りだと暗くなるのが若干早くなるし、吹雪だと曇り空の二倍は早く暗くなります。その分を引いて時間を割り出します」

判断材料はそればかりではない。

「毎日のように山道を同じ量のものを担いで歩いているから、この地点では何時頃、あの地点では何時頃ということもあります。また、腹の減り具合もかなり影響してきますね」

いろいろな要素が複合されて時間が判断され

ているようだ。

腹時計に関しては、鈴木さんも話していた。

「マタギはいつも腹八分目に食事をしている。そのため腹が空く時間が決まっているからだいたいの時間の判断ができるのです」

これが食べすぎだったりすると、時間が狂ってきたり、歩く気力を失ったりしてよい影響を生まないとも。山のなかで時間を判断するというのは周りの自然も大切だが、同時に本人のふだんの食生活も影響しているようだ。実際に山に入り、自分の腹時計で計った時間の誤差によって下界での食生活の良し悪しがわかるのかもしれない。

動物の動きでも時間がわかる

さて、山のなかで時間を判断するのは、本人の腹時計、つまり下界での食生活が根本になっているということがわかったところで、太陽以外に自然の判断材料はあるのだろうか。

「熊は冬眠以外は一日二回、午前一〇時頃と午後三時頃に食事をするために山を歩くので時間が判断できる」

こういうのは吉川さん。熊の行動は時間的に正確で、まるで判で押したようだという。マタギはこの熊の行動を知っているために、それを逆に猟に利用している。熊にとっては受難の時間帯とい

朝や真夜中に鳴く鳥の声も規則正しい

えるだろう。

「マタギの食事当番は他の人より二時間ほど早く起きて焚火づくりから始めますが、その人にとって欠かせないのが鳥の鳴き声ですね。鳥は明るくなる寸前に起き出しますから、それで時間がわかるのです」（工藤さんの話）

ちなみに、鳥が鳴くのは春から夏は朝の三時半から四時頃。秋は五時頃で冬は六時から六時半頃。

真夜中に鳴くのはコノハズクやヨタカなど。これらの鳥が鳴いていると、もう少し眠れると思いながら一寝入りするのだという。

猟、つまり過酷な労働をするマタギにとって真夜中の鳥の声は何よりの睡眠剤なのかもしれない。

枝で箸、木で皿をつくる

山で箸などを忘れたときに自然の材料を利用してつくるのも楽しい

鈴木さんは山に入って猟をするときはなるべく余分な物は持たないようにした。食事の道具は飯盒のみで山のなかで調達できるものは大いに利用したという。たとえば、箸や串はチシマザサの茎を切って使った。根元が曲がっているためにまっすぐな中心部分を利用した。これは若干、青臭いにおいがするが、慣れるとそれほど抵抗がなくなる。チシマザサ以外はクロモジ（トリコシバ）の枝もよく使った。これは細く軽く、かつよい香りがするので重宝がられた。使ったあとは焚火の焚きつけ用にした。クロモジは油分を多く含んでいるため燃えやすい。なかにはイチイの枝を削って箸をつくる人もいたという。種子は毒だが、材質は緻密で加工しやすいためである。

工藤さんはクサギの枝で箸をつくったことがあるという。クサギの葉は臭いにおいがするが、嘘か真か枝は使っているうちに象牙に変わるといういい伝えがあったという。

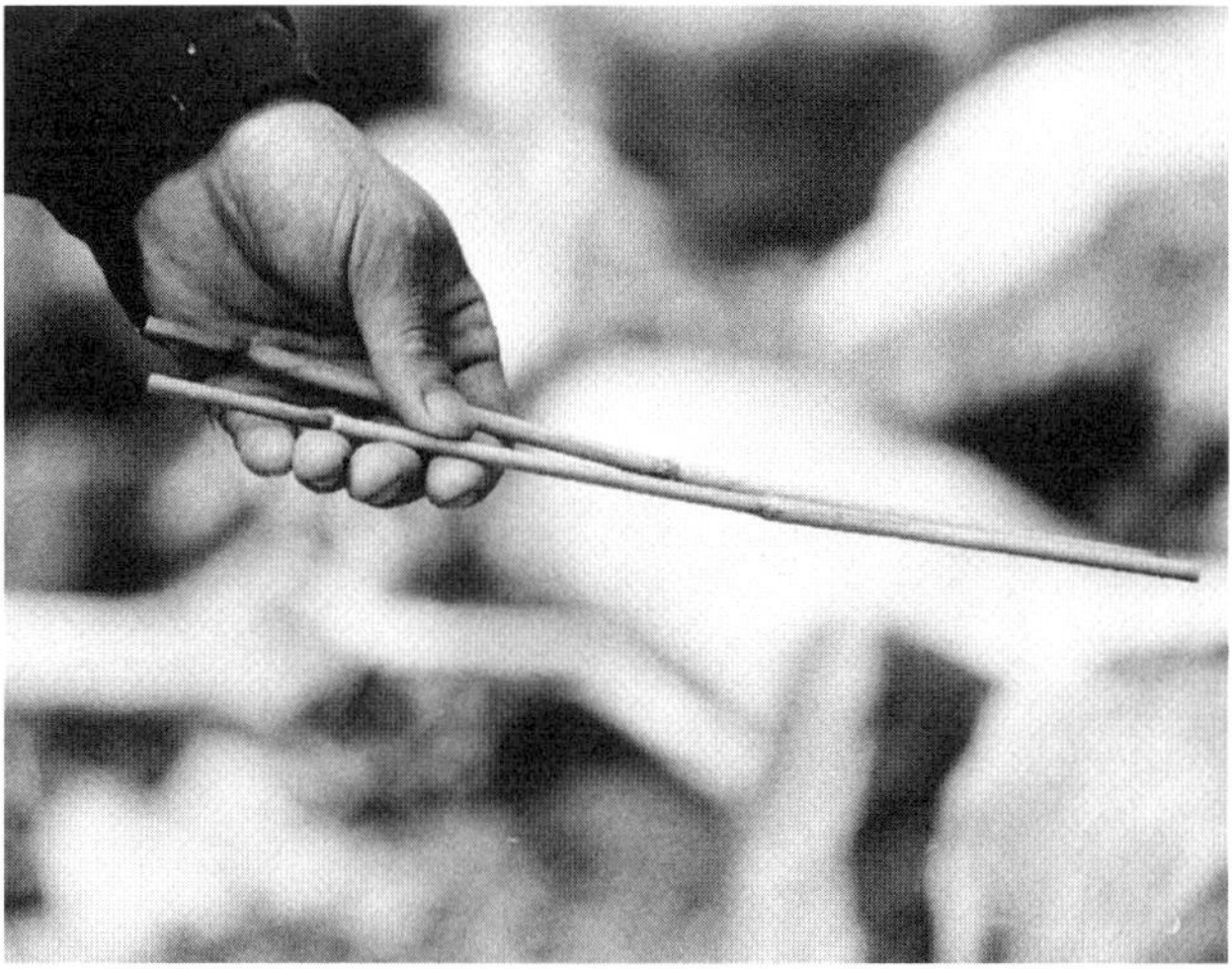

チシマザサでつくった箸。手軽につくれる

しかし、箸や串に利用してはならない木の枝もある。キョウチクトウ、ユズリハ、シャクナゲ、アジサイ、アセビ、ドクウツギなどである。それぞれ毒があり、中毒を起こす。要注意だ。なかでもドクウツギは実際に中毒事件が起きている。トリカブト、ドクゼリと並んで日本三大有毒植物のひとつとされている。

マタギは皿の代わりにフキやササなどの葉を使った。御飯が余ると、握り飯にしてそのまま葉で包んで携帯食にした。フキやササの葉は殺菌効果があり、長持ちした。

時間があるときは、ホオノキなどの柔らかい木をナタで縦に薄く切り、皿にして使った。おかずが少ないときでもそんな皿に盛るとおいしそうに見えたというからつくった甲斐があったようだ。使ったあとは焚きつけにする。

一度は読みたいマタギの本

一般的な資料として参考になるのは、『**秋田マタギ聞き書き**』（'71年、武藤鉄城著、慶友社）と『**野性への旅Ⅱマタギ――狩人の記録**』（'62年、戸川幸夫著、新潮社）。前者は秋田の地方研究家であった著者が昭和初期三〇年にわたって約三〇〇人もの秋田マタギから取材した聞き書き集。マタギの日常の生活から熊の捕り方、民話まで記録されている。

後者はマタギの始祖である万二万三郎がいたといわれる秋田県阿仁町（現・北秋田市）の根子を中心に歴史、作法、信仰などが紹介されている。根子は著者が昭和二十八年からマタギのことを本格的に調べ始め、各地を歩いたのち、最終的に行きついたところでもある。ここはマタギの形態を他のどこよりも残しているという。

学術的な資料としては、『**狩猟伝承研究**』（'69年、千葉徳爾著、風間書房）がある。マタギに関してはほぼ完全な情報が得られる。

小説では直木賞作品『**黄色い牙**』（'80年、志茂田景樹著、講談社）がある。同じく直木賞作品には熊谷達也の『**邂逅の森**』があり、『**相克の森**』『**氷結の森**』と共にマタギ三部作と呼ばれている。

ルポでは『**ひとりぼっちの戦争**』（'84年、あんばいこう著、無明舎）が興味深い。昭和五十六年に秋田県阿仁町で起きたマタギによる殺人事件を追っている。マタギ歴四〇年のベテランが土地問題から不正実な町長や村民たちのために追い込まれたあげく無関係な人間を一発で撃ち殺す。ささいなことから悲惨な事件へと発展する様子が描かれている。

これら以外には阿仁マタギ松橋時幸のルポ『**第十四世マタギ**』（甲斐崎圭著）、『**白神山地をゆく**』（根深誠著）、『**マタギを正業にした人たち**』（野添憲治著）、『**越後三面山人記**』（田口洋美著）、『**青沼**』（鶴田要一郎著）などがある。なお、本ではないが、後藤敏夫監督、西村晃主演の映画『**マタギ**』（'82年）もよく知られている。

第8章

マタギ流 SOSからの回避

寒い、凍死しそうだ、焚火をしたい

マタギはどんな状況下でも火を熾す。その方法とは?

山では急に雨や雪が降り、寒くなることはよくあることだ。下手をすると凍死することもある。そうならないために手っ取り早く焚火をして温まる必要がある。しかし、日頃、焚火をしない登山者には火を熾《おこ》すことはなかなか難しい作業となる。だが、マタギはものの数分で火を熾してしまう。ある雨の日、吉川さんが焚火をしたので再現してみよう。

まずマッチを一本すって消した。煙が流れた。風向きを調べたのである。火は風に煽られると燃えるので焚火の火をつける方向を確認したのである。それから濡れた落ち葉を五センチほど手で掘り下げた。すると、ポッカリと雨に濡れていない乾いた地面が現れた。枯れ葉が雨の浸透を防いでいたのである。そこに新聞紙を丸めて置くと、その上に焚きつけ用としてどこからともなく集めてきた小枝を三〇センチくらいの長さにポキポキと折って平行に並べた。

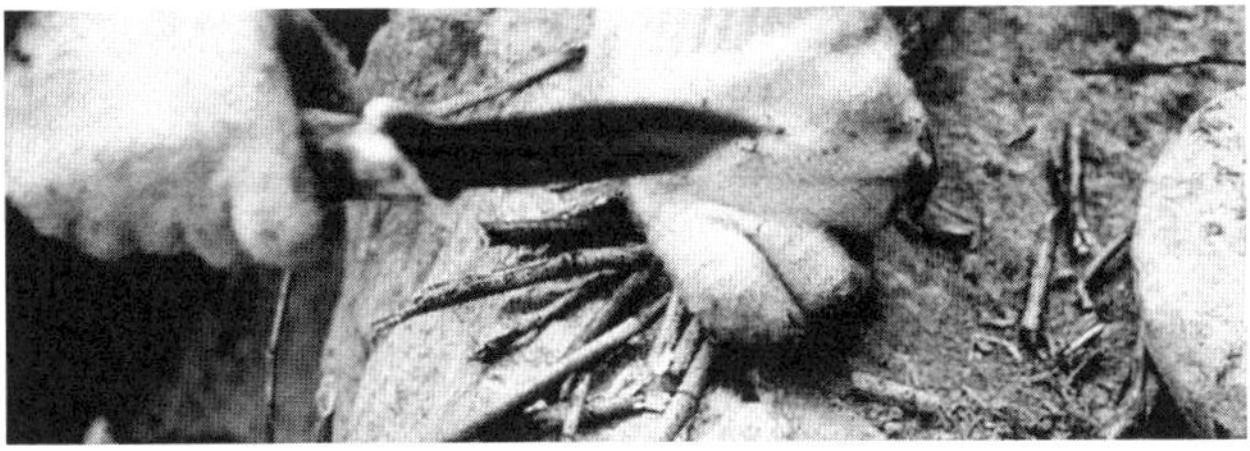

チシマザサはあらかじめ節をつぶしておく

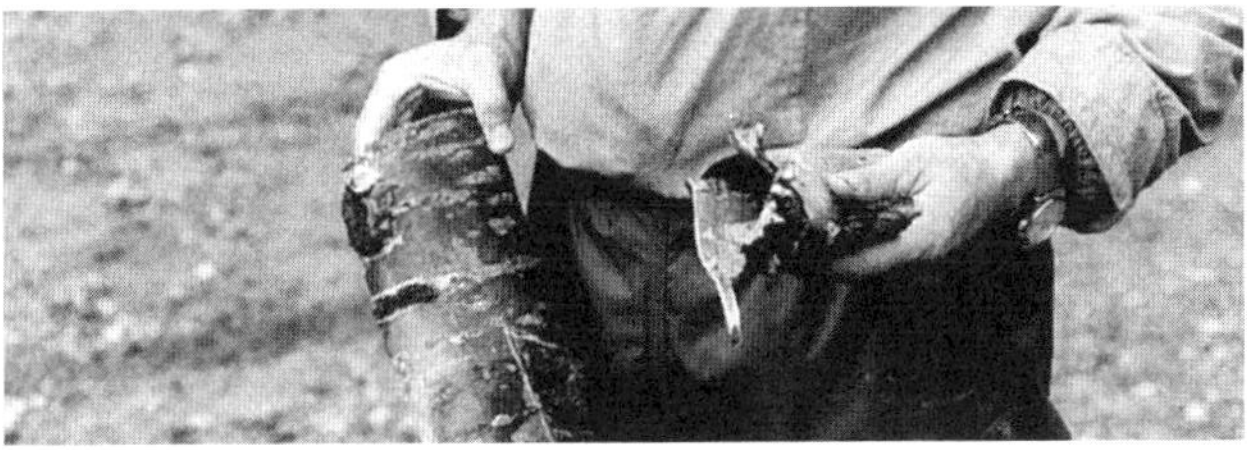

カバの皮は乾かしておき、焚きつけ用に使う

小枝はふつうの小枝ではなく、クロモジ（トリコシバ）と呼ばれるものだった。この枝は表面が黒く油っぽく、つるつるしている。ほかの木の小枝なら雨に濡れると、水分を吸って燃えにくくなるが、クロモジは表面の油分が水分を寄せつけないためによく燃え、焚きつけ用にうってつけなのである。ちなみにクロモジは折ると、かんきつ系のよい香りがする。採取のときに確認してみよう。

焚きつけの枝に秘密がある

焚きつけ用にはチシマザサの茎もよいという。チシマザサも油っぽいためによく燃えるからだ。ただ、節目があるために燃え始めると、なかにたまっている空気が弾け、せっかく燃えた火を消してしまうことがある。そうならないために燃やす前に石かナガサの背で節を叩いてつぶしておくとよいという（１８７ページの上の写真）。焚火のコツは焚きつけ用の枝にあったことがわかる。普通の小枝を使っていたら、いつまでも火は熾きなかったことだろう。

さて、焚きつけ用の枝が燃え始めたら、その上には若干湿った枯れ枝でもよいからのせる。クロモジやチシマザサが燃えている間に湿気を飛ばしてしまうからだ。それらの枝が燃え始めたら今度はその上にイタヤカエデなどの生木をのせる。それで準備はほぼ完了する。生木は一度火がつくと強力に燃え始めた。風も燃える手助けをした。ここまで吉川さんが火を熾し始めてからものの五分もたっていなかった。実に合理的な方法だった。

なお、焚火にブナの木は使わないほうがよいそうだ。ブナは水分を多く含んでいるために燃えにくいからだ。ブナが他の木よりいかに保水能力が高い木かという証明でもある。

木の置き方は井桁式よりも平行式のほうが燃えやすい

焚火がよく燃えるようにするためには、焚きつけ用の枝ばかりでなく木の置き方にも工夫が必要である。

「枝や木を燃えた焚きつけ用の枝の上に並べる方法は平行式がいいです。キャンプファイヤーは井桁式がほとんどだが、焚火の場合は木を平行に並べたほうがよく燃えます。木同士が密着するため熱が伝わりやすいからです」

一見、燃えにくそうな平行式だが、いままでの経験で井桁式より確実によく燃えたという。

季節は変わって冬、雪が積もっているときの焚火はどのようにするのだろうか。それに関しては鈴木さんのやり方が参考になる。鈴木さんは冬、常にザックに三〇センチほどの長さに切ったシラカバやダケカンバなどカバノキ科の木の皮（187ページ下の写真）を二枚ほど入れておく。一枚は雪の上に敷いて、一枚は細かく刻んで焚きつけ用にし、新聞紙と共に火をつける。

火がついたら、クロモジのような燃えやすい枝をのせる。それが燃えると、イタヤカエデなどのような生木を置く。じきに生木が燃え、焚火になる。焚きつけ用のカバの皮が冬の焚火の強力な助っ人になっていたのだが、山で採取したものをすぐには使わない。なぜか。

「山で採ったものを家に持ち帰ってしばらく干しておきます。そのうちカラカラに乾きます。それを山に持っていき、焚きつけ用にするのです。雪山ばかりでなく、雨が降ったときも簡単に火がつくので重宝しました」

冬、焚火を早く熾すマタギの知恵だが、カバの皮は生木からは剝がない。木が死んでしまうからだ。かならず倒木の皮を使用するそうだ。

ちなみに点火用の火は、ライターよりマッチのほうがよいそうだ。ライターだとマッチのように煙を出して、風向きを調べられないだけでなく、ライターの石が雨に濡れると、火がつかなくなるからだ。

吉川さんはザックのなかに焚きつけ用の新聞紙と共にマッチを常に三個持つという。一個はポケットに入れて、出し入れ自由にする。一個は新聞紙に包み、上着のポケットのなかに入れておく。最後の一個は、ビニールに包んでザックのなかに入れておく。こうすると、他の二個が雨などで使えなくなってもビニールに入れた最後のマッチが非常用として使えるからだ。

消火はしっかりとしよう

雨や雪のなかでも簡単に焚火ができる方法はわかったが、大切なのはそのあとの火の始末の方法である。始末が悪いと山火事の原因になるのはいうまでもない。

ちなみに林野庁の原因別出火件数（平成二十六〜三十年の平均）によると、山火事の原因トップは焚火で、全体の三割（三七五件）にも及んでいる。以下、火入れ（二一四件）、放火（一一七件）、タバコの火の不始末（六七件）、火遊び（三二件）、そして原因不明のその他（四五〇件）と続いている。いかに焚火が山火事の原因になっているかがわかる統計だ。

山火事を起こさないためにもどうしたらよいのか。

「焚火が終わったら、燃え残った木と木を離すだけでいいです。木は一本ではなかなか燃えないが、消えつつある木が並ぶと火を誘発して再び燃え上がり危険です」（工藤さんの話）

火をつけるときはあせってはだめ。基本を守ってじっくりと

一番簡単なのは、水をかけて消す方法だが、山のなかでは近くに水があるとは限らない。そのため工藤さんは焚火を終えると、かならず木と木を岩など火が燃え移らない場所に三〇センチほど離して並べるそうだ。それで自然に消えるという。

一番危険な火種は、土を被せたり枝でちらして消すようにしている。そうすることによって、再び燃え上がることは今まで一度もなかったという。

水がないからといって、マタギは小便で焚火の後始末は絶対にしない。マタギは火を神聖化しているために、そんなことをしたら山の神様の怒りをかい、獲物が捕れなくなると信じているからだ。

熱が出た、何かよい生薬はないか

マタギは薬がないとき、山にある草木を薬代わりにした

マタギの薬といえば「熊の胆《い》」を思い浮かべるに違いない。昔から「熊の胆一匁は金一匁」といわれるほど高価だったが、万病に効く薬として珍重されてきた。昭和の初期あたりまでマタギは夏や秋など猟のないときに熊の胆を各地に行商して歩いたという。大変な売れゆきで再び故郷に帰ってくる頃には一財産つくれたほどとか。

ちなみに熊の胆のつくり方は胆嚢を紐で結んでから切り取り、いろりなどの上で一週間ほど乾燥させる。それからぬるま湯に入れてもみ、さらに一週間ほど乾燥させるとできるという。

もっとも、いまとなってはこの熊の胆もみられなくなっている。鈴木さんが「つくっても売れないのでもう何年もつくっていない」といって嘆いていたくらいだ。しかし、その一方で吉川さんのように自分で捕った熊の胆は自分でつくるという人もいる。

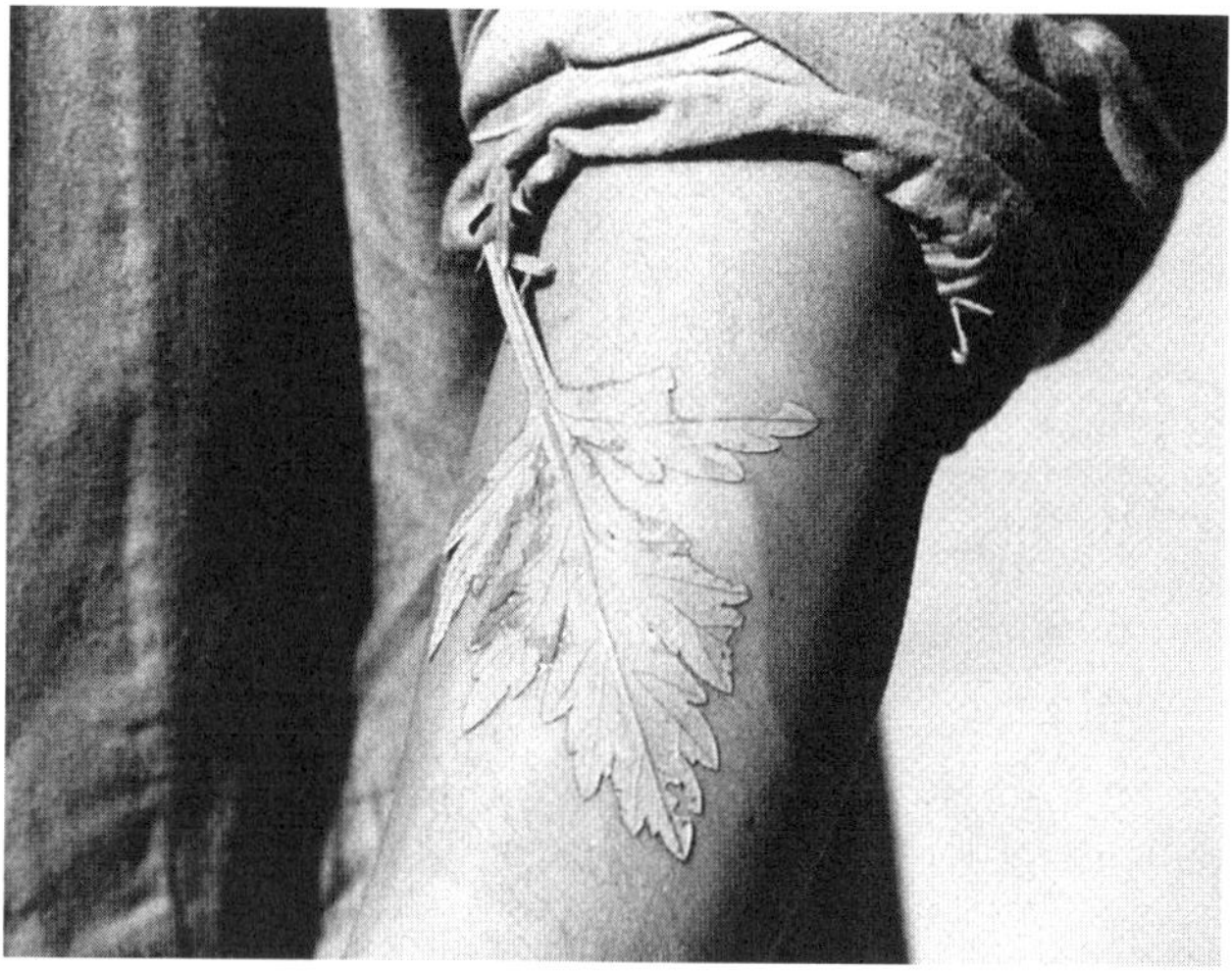
怪我をして血が出たらヨモギを貼ると血止めになる

「正露丸の何十倍も苦いけれど、酒を飲む前に飲めば二日酔いもしないし、体のあちこちが元気よくなります」

熊の胆がいつ頃から薬として使われ始めたのかは定かではないが、いずれにしろこれもマタギの知恵以外の何物でもないだろう。

マタギの薬に関する知恵は何も熊の胆だけではない。自然の草木を利用した伝統的な薬もある。登山者が山で困ったときに薬の代わりに利用できる植物などをいくつか紹介しよう。

●ヨモギの葉　これは怪我をして血が出ているときに血止めとして使える。傷の部分にベタリと貼る。吉川さんは剝がれるとまずいので唾をつけるとよいといい、鈴木さんはもんで少し汁を出してから貼ると剝がれないというが、どちらでもよいだろう。しばらくすると、血が止まっているというから効果があるようだ。ヨモギはいぶすと蚊取り線香の代わりになり、団子に入れるとヨモギ団子になる。血止めにはヨモギ以外にフキの葉やその名もチドメグサ（ウコギ科）もある。両方とも茎をつぶして汁を出し、傷口に塗り、葉を絆創膏のように貼ると効果があるそうだ。

●キハダ　別名シコロ、オウバクと呼ばれるミカン科の木。木の皮を剝ぐと内側が黄色いコルク状になっている。この部分を乾燥させ、煎じて飲むと胃薬になるためマタギはよく飲んだ。樹齢が古ければ古いほど効果があるそうだ。採取時期はコルク層が最も発達する七月から八月頃がよい。胃痛にはユズリハ（ユズリハ科）の葉も二、三枚乾燥させてお茶代わりに飲むとよい。

●トチバニンジン　ウコギ科の多年草で、根の部分を乾燥させて煎じたり、煮て飲む。とても苦いが、朝鮮人参と同じくらいの滋養と強壮がつく。また、胃が痛いときや熱があるときも効果があるという。

●イカリソウ　メギ科の多年草で春に淡紅紫色の錨形の花が咲く。昔から腰痛や強壮に効果があるといわれる植物である。根の部分を煎じて飲んだり、葉を乾かしてお茶のようにして飲むと、熱さましの効果もあるという。さらに咳にも効くので風邪を引いたときに飲むとよいだろう。解熱にはシャクナゲの葉も効果がある。葉を二、三枚鍋で沸騰させ煮詰めて飲む。あまり飲みすぎると、貧血を起こすので注意が必要。

マタギは植物の葉や根だけでなく、サワガニまで薬にしてしまう

●干し椎茸　これも熱さましに効く。山で熱が出たとき、干し椎茸を水で戻したその汁を飲んで熱をさましたという。

●サワガニ　漆にかぶれたときに効果がある。生きたサワガニを石でつぶしてドロドロにする。それをかぶれた所に直接塗る。サワガニの脳味噌がかぶれに効果があるそうだ。ノブキ（キク科）も漆かぶれに効く。葉をもんで汁を出してそれを塗るとよい。

●スズメウリ（ミヤマニガウリ）　蜂に刺されたときに効果がある。よく蜂に刺されたらおしっこをかけるとよいといわれているが、迷信で効果はない。かえって不衛生。沢の水をかけて腫れを冷やすほうが効果がある。蜂に襲われたらできるだけ体を小さくして、蜂が去るのを待つ。刺されたら、スズメウリの葉をよくもんで汁を出して塗るとよい。スズメウリ以外にはアロエ、ウワバミソウ、ノビルなどがあり、いずれも茎や葉から出る汁を塗る。

●トチノミ　ねんざしたときに、トチノミを石でつぶして湿布薬にする。マタギはこれを塗ったあと、日本手拭いまたはヤナギなどの柔らかい木の皮を剝いで包帯代わりにした。ただし、木の皮は乾燥していると固く痛いため、水に浸して柔らかくしてから使う。これ以外に湿布薬として使われたのはマムシグサ（サトイモ科）の根。これをすりつぶしてトチノミと同じように利用したという。ただし、毒性があるため直接触れないようにする。

草木以外に果実も薬の代用になる。

果実も薬の代わりになる

たとえば、マタタビの実。秋になると実がピンク色に熟す。山を歩いて疲れたときにこの実を食べると疲労回復、食欲増進につながる。

アケビはふつう果肉をしゃぶるだけだが、その皮を乾燥させ、煎じて飲むと女性の更年期障害にならないといわれている。奥さんのために山で採取するマタギもいるという。

ちなみにアケビの皮は油炒めや中に肉や茸を入れて焼いて食べるとうまい。

噛むと酸っぱい味のするスグリ。吉川さんはおやつ代わりに食べたということだが、これは咳止め、喘息の薬にもなるという。風邪をひいたときに試してみてはいかがだろう。

熊が出た、どうやって逃げたらよいか

人間が思うほど熊は怖くない。しかし、三大危険熊は注意しなければならない

熊を捕るマタギに、熊に遭ったらどのようにして逃げたらよいかと聞くほど愚問もない。しかし、マタギは長年の経験から熊の習性や行動に詳しいため、熊に遭遇したときにどうすればよいかさまざまな知恵をもっている。かなり効果的だと思われるのが鈴木さんの話。

「熊がいることがわかったら動かずに通り過ぎるのを待つか、背中を向けずにゆっくりと後ずさりしながら離れるといい。もし、追いかけてきたら、帽子でもザックでも何でもいいから熊に投げる。熊は鼻と耳はいいが、視力があまりよくないから、最初に動いたものに噛みつく習性がある。熊がそれに噛みついている間に逃げる。さらに追ってきたらさらに何か甘いものでも投げつける。それを繰り返しているうちに逃げられるのではないか」

吉川さんは体を大きく見せるのもひとつの手と話す。

熊に遭ったら体を大きく見せるのもひとつの手

「いつだったか飼っている子熊と檻のなかでじゃれていたら体が熱くなったのでジャンパーを脱ごうとしたら、子熊が子犬のように脅えて檻の隅で小さくなって震えていた。ジャンパーを脱ぐときに体が大きく見えたためだと思う。熊は自分より大きなものには恐怖を抱くようだ」

上の写真のようにジャンパーを広げ、大声を上げるのも効果があるかもしれない。しかし、熊を威嚇するのも時と場合による。

熊に遭ったら死んだふりをするのは有効か？

以前、外国でハイキング中の女子学

生数人が大きな熊に遭遇した映像があった。彼女たちは慌てず騒がず目を合わさずじっと立っているだけで逃げようとしなかった。すると、熊は彼女たちのにおいをかいだり、体を擦り寄せたりした。しかし、そのうちに去っていった。これは奇跡なのかどうかはわからないが、動かないでじっとしていると、熊は襲わないというひとつの事象としてとらえてもよいのではないか。

しかし、吉川さんは「死んだふりをした人間を見ると、熊は猫がネズミをじゃらすように人間を前足でひっくり返したり、なめたりしておもちゃにすると思う。それでも我慢ができればいいが」と否定的だ。鈴木さんも、かえって噛まれたりして危険だ、逃げたほうがいいと死んだふりをするのには否定的だ。では具体的にはどのように逃げたらよいか。

「熊は下りに弱いため若干腰が引ける感じでスピードが落ちる。だから熊に遭ったら斜面を下に降りるといい。反対に熊は平坦な所や登りが速い。なかでも登りに強く速いスピードで登ってしまう。直登は絶対に避けたほうがいい」(鈴木さんの話)

吉川さんも直登は避けたほうがいいと話す。

「上に逃げるときは直登ではなく、右斜めに逃げるのがいい。直登より熊のスピードが落ちるし、熊に追いつかれても熊を蹴飛ばすことができる。実際それで熊を蹴落とし、捕まえたことがある。しかし、熊は手が早いので登山者は逃げることに専念したほうがいい」

ブナの木についた熊の爪跡

熊は繊細な動物、人間より賢い

熊は人間を見ると、かならず襲ってくるものなのだろうか。

「熊は人間を怖がっていると思う。ふつうは熊のほうが先に耳と鼻で人間の存在を知る。存在を知ったらまず熊は人間から身を隠す。わざわざ襲うためにはやってこない。あの密生したチシマザサのなかを音も立てずに逃げますから。熊が人間を襲うのはまれで、その多くは出合い頭です。突然出合って驚き、威嚇したり、襲ったりします。熊がいそうな所ではどしどし音を立てて歩くとか、鈴を鳴らすとか音を出して存在を知らせる。熊は繊細な生き物だと思います」

この熊の繊細さに関して吉川さんの話がおもしろい。

「以前、歩いていると、熊が大木の裏に隠れているのがわかった。私が来たので慌てて隠れたのです。確認しようと左にずれると、熊は右にずれて隠れようとする。さらに確認するために右にずれると、今度は熊は左にずれる。まるで隠れんぼのようだった」

一見のどかな話だが、熊はわずかなスキを見つけ逃げてしまった。吉川さんは気の緩みを後悔したものだ。

「それもこれも熊がマタギをはじめ人間を怖れるあまり覚えた知恵だと思う。考えてみればかわいそうな話だ。もし、人間がいなければ、そういう知恵も発達せずに、もっとゆったりと生きていたかもしれない。また、自然環境も悪くならず、山の木の実も豊富に実り、別荘地などに下りて食い物をあさることもなかったかもしれない」(吉川さんの話)

三大危険熊には注意しよう

しかし、いくら繊細な熊でも時と場合によって違う。それは三大危険熊と呼ばれる熊たちだ。

その代表は子連れの母熊。子熊を守るために相当神経質になっている。人間を見ると襲いかかってくるという。子熊を見たら、そばに母熊がいるので近寄らないようにしよう。

以前、吉川さんが木の上にいた子熊を捕えようとし、手を伸ばすと、母熊がどこからともなく現れ威嚇した。鉄砲がなかったためこん棒で殴ると斜面を転げ落ちていった。死んだのかと思い、下りていくと、母熊はムックリと起きて下に逃げていった。そこで子熊を捕まえようとして戻ると今度は子熊がいない。見ると、母熊と子熊がそろって藪のなかに入っていくのが見えた。母熊は危険を感じ、とっさに自分の身を投げ出して子熊を守ったのである。

三大危険熊の二つ目は手負い熊である。鉄砲で撃たれて負傷した熊は気が荒くなっている。人間に対して復讐心をもち、人間を見ると、襲ってくるというから恐ろしい。

三大危険熊の三つ目は発情期を迎えた熊である。初夏の頃に子別れした母熊と交尾をしようとオスが数頭集まり、興奮状態になり、危険な状態になる。

鈴木さんによれば、熊は稜線から少し下の山腹を巻きながら峠を越えて裏山に入る習性があるそうだ。山を歩いているときに峠が近くなったら熊に遭遇しないためにも耳をすますようにしたい。

吉川さんはこうアドバイスする。

「熊に襲われてもあきらめずにひたすら逃げてほしい。若い頃、一度熊に追われて逃げたことがある。熊は猛烈に追いかけてきた。そのため石につまずいて転んでしまい、もうだめかと思った。しかし、勢いのついた熊が私の上を通り過ぎていってしまった」

笑い話のようだが、最後まであきらめるなということだ。

毒のある蜂や蛇に襲われた、どうやって逃げるか

蜂が飛んできたら、逃げずにその場を動かない

山で遭遇したくないのが蜂やブヨ、蚊などの刺してくる虫たち。とくにスズメバチなど毒性の強い虫は登山者を死に至らしめることもある。これらの虫に突如として襲われたらマタギはどう対処するのだろうか。スズメバチに襲われた経験のある吉川さんはこう話す。

「慌てて逃げると蜂はさらに追ってくるのでその場でなるべく小さくなるといい。そのときは首を刺されないように両手で保護することが大切。首を刺されるよりも手を刺されたほうがまだ致命的ではないからね。そのうちに蜂は去っていく」

蜂に刺されても被害を少なくするためには、首にタオルを巻くとか夏でも長ズボン、長袖はかならず着用することが大切。蜂は黒いものを追いかける習性があるため服装の色も黒色よりも白色のほうがよい。また、汗が残らないような乾きの早い化繊がおすすめという。これは蜂が汗のにおい

蜂に襲われたら体をかがめて首を保護する

をターゲットにして襲ってくるのを少しでも緩和するためである。

もちろん蜂の巣に近づかないことはいうまでもない。しかし、知らないうちに藪のなかなどにある蜂の巣を踏んで攻撃を受けることもある。吉川さんは蜂の巣を踏まないように先が二股になった杖（94ページ参照）を持って歩くという。杖で巣の有無を確認しながら歩くのである。

もし刺されたら水で冷やしたり、薬（抗ヒスタミン軟膏など）を塗る。薬がない場合は、ウワバミソウの茎を叩いてその汁を塗ったり、スベリヒユの葉をもんで汁を塗ったりするとよいという。ミツバチの場合は、針が残るので慎重に抜いてから手当てをする。もちろん下山して病院で診察を受けるのも忘れてはならない。

一方、最近問題になっているのが、マダニによる「ライム病」や「日本紅斑熱」だ。ライム病は初期症状が頭痛、発熱だが、やがて、心臓障害、関節炎を起こす。ペニシリン系の抗生物質を投与すると治るそうだが、日本紅斑熱は最悪死亡することもある。マダニに嚙まれないためにも山を歩くときは夏でも長袖、長ズボンをはき、帰宅後に嚙まれていないか十分にチェックする必要がある。

蛇は湿った所にいる。そんな場所はドカドカと歩く

毒蛇も遭遇したくない動物だ。とはいっても日本ではたくさん種類のある蛇のなかでも毒蛇の種類は少ない。沖縄諸島にいるハブをはじめマムシとヤマカガシだけである。

吉川さんによれば、これらの蛇が好んでいる場所は沢、沼そして水たまりなどの湿った所。湿った岩穴や木の穴などに潜んでいるという。

「そういう所ではわざとドカドカと歩くといい。蛇は臆病な動物だから、そうやって音を立てて歩くと逃げてしまう。それを山菜採りやイワナ釣りの人たちは音を立てないようにソロリソロリと歩くものだから獲物がきたのかと思って嚙みつかれる」

蛇は人肌を好きなのだとも。人肌の色か温度かは定かではないが、とにかく肌を露出しているとそれを目がけて嚙みつくという。嚙まれないためにも、また嚙まれても被害を少なくするためにも

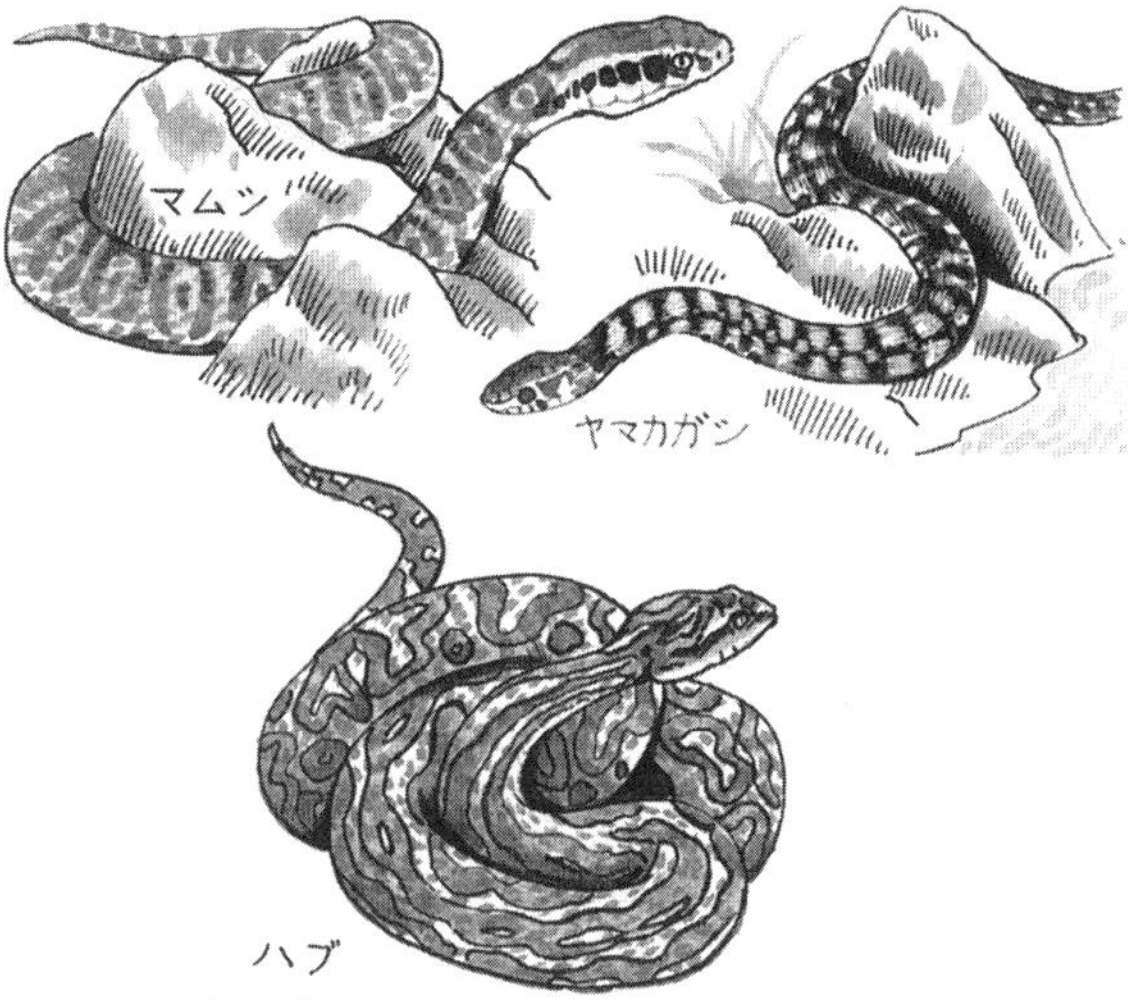

蛇は二股になった杖で首を押さえると動けなくなる

夏でも長袖、長ズボンの着用は必要だ。
　蛇が現れたらどうしたらよいのだろうか。
「刺激しないようにゆっくり後ずさりして逃げるか、先が二股になった杖で首を押さえるかのどちらかだろうね。首を押さえると蛇は動けなくなるんだ」（吉川さんの話）
　では毒蛇に噛まれたらマタギの人はどのように対処したのだろうか。吉川さんは噛まれた所を焼いたナイフで切って、毒をしぼり出すという。それから毒が回らないようにツルで腕のつけ根を縛ったというが、ずいぶん勇気がいる方法だ。最近ではそういう荒療治をしないで落ち着いて下山し、病院で血清を打ってもらうのがよいといわれている。マムシが多い地域ではきちんと血清を用意している病院があり、緊急態勢で治療してくれる。

バテてしまった、どうすればよいだろう

くたびれるのは腹が減っているとき。高カロリーのものを食べるとバテない

「マタギでもバテることがあるんですか」と聞くと、吉川さんは、きっぱりと「バテない。バテたら仕事にならないもの」といった。なるほど、猟の最中にバテたら熊を捕れないばかりか熊に襲われかねない。心構えからして違うようだ。

しかし、父親についてマタギ見習いを始めた少年の頃はよくバテたという。大人のマタギのあとについていくのだから無理もない。

「バテて一歩も歩けないのに親父は私をほっておいて歩いていったものです。心細くてね。チクショウと思って力を振り絞って歩いたものです。しかし、いま考えてみると、親父は私がバテないようにするにはどうすればいいかを実地で考えさせるようにしていたようですね」

吉川さんはそのたびにバテないように歩くにはどうしたらよいだろうかと考えた。少しでも早く

春になると甘くなるイタヤカエデの枝をしゃぶる

父親に一人前のマタギとして認められたかったからでもある。そのために吉川さんは父親をはじめ同行したマタギの歩き方や休憩の仕方、食事の仕方を参考にし、真似をした。

「それで得たのは、どんなに急な登りでも汗をかかない程度にゆっくりと同じペースで歩くことや、腹が減るとバテるので何かを口に入れることでしたね。朝残った御飯で握り飯を余分につくって、腹が減ると歩きながら食べましたね」

先輩マタギたちがしたように、春から夏にかけてはイタヤカエデの枝が甘くなるのでかじったり、野イチゴやマタタビの実を食べて糖分を摂り、疲労回復の方法なども知った。

「しかし、一番大切なのは、山でバテると他のマタギの迷惑になるので、どんなことがあってもバテてなんかいられないという責任感を教えられたことでしたね。マタギは団体行動ですから、誰かが倒れるとだめになる。誰かが助けてくれるという甘えは絶対に許されない。そういうことを自分で感じ取ってがむしゃらにやっているうちに、バテることなんてなくなってしまった」

バテないためにはいろいろあるが、どうやら一番大切なのは、気力のようだ。

バテたら高カロリーのものを食べて休む

しかし、そうはいっても登山の初心者などは自分のペースをなかなかつかめないためにハイペースになり、バテやすいようだ。

バテたらどのようにしたらよいだろうか。

「人の邪魔にならない所や、川のそばや崖っぷちではない安全な場所を選んで休むしかない。休みながら黒砂糖や蜂蜜など高カロリーの食べ物を口にするといい」(吉川さんの話)

しかし、食べたからといってすぐにバテが回復するとは思わないでほしいとも話す。

バテた状態のときは肉体以上に精神がまいっている。気力が回復しないことにはあまり効果がないのである。

「もしそうなったら、その日の行動を中止して山小屋があったら泊まるかビバークしたほうがいい。決して、バテた場所では寝入るようなことはしない。風邪をひくばかりか体力が弱っているから夏

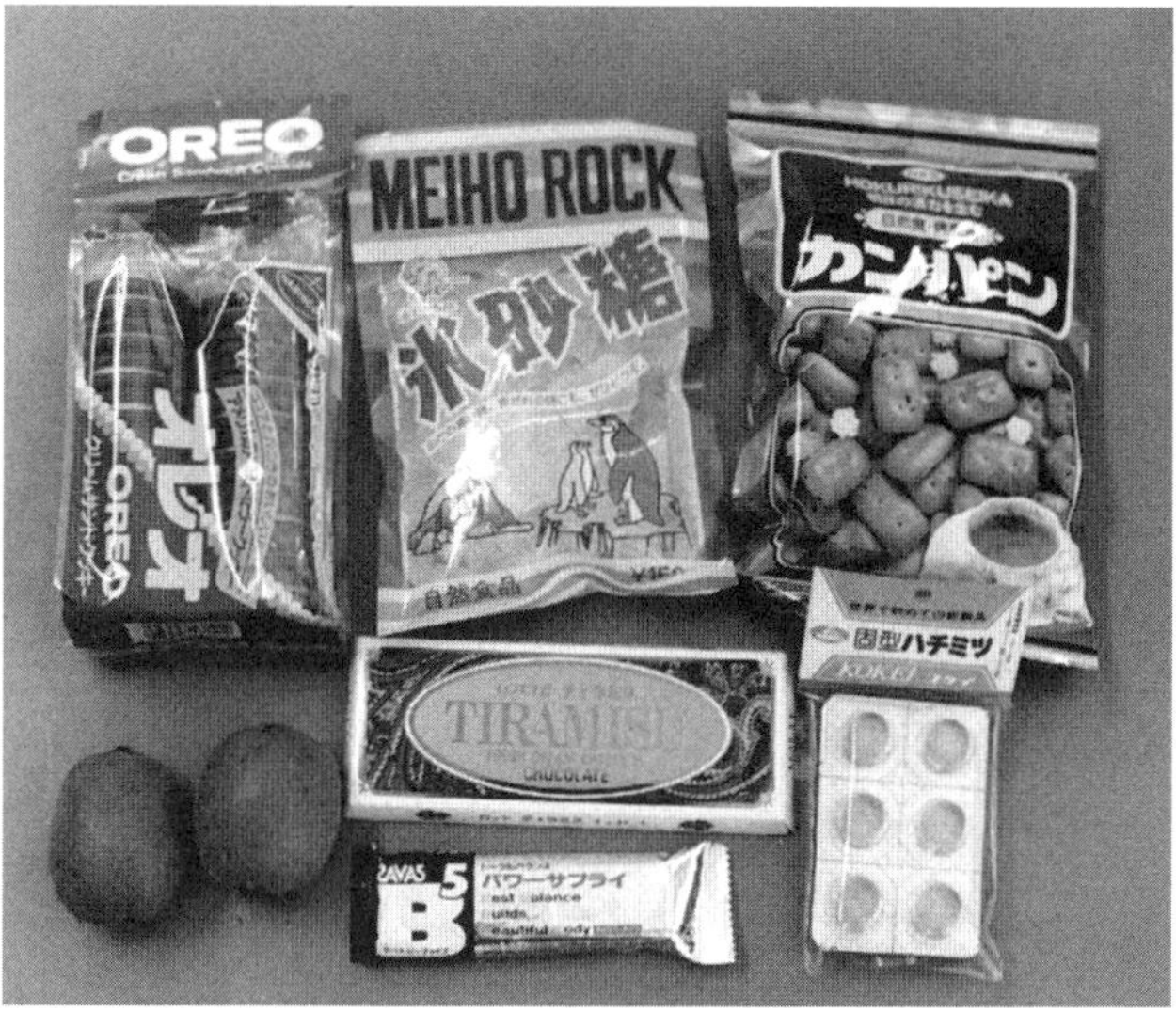

行動食にしたい食品。少しずつ食べるとバテない

でも凍死しかねない」

そうならないためにも初心者はウエストバッグやベストのポケットなどに高カロリーの飴やクッキーなどを入れ、歩きながら食べるとよいだろう。

飲み水がないときは、ヤマブドウのツルから水を取る方法もあるという。ヤマブドウのツルを切ると、水がタラタラと出てきて、のどの乾きをおさえられる。切ったあとは、先端を結んでおくと枯れない。

「くたびれたなと思ったときは、たいてい腹が減っている。そういうときに、すぐに甘いものなどを食べるとじきにエネルギーになってまた歩けるようになる」

自分の体に素早く反応したいものだ。

雪崩に遭遇した、どうやって逃げたらよいか

雪崩はしっかりとした樹木がない所で起きるため予知できる

雪崩《なだれ》というと恐怖感が先に立つ。春に熊の猟をするマタギが一番気をつけるのもこの雪崩だ。ちなみに春先に起きる雪崩は水分を多く含んでいて破壊力が強く、「ミズナダレ」と呼んで恐れているという。

しかし、マタギはいたずらに恐怖感を抱くわけではない。それというのも「山の筋」を見れば雪崩が起きるかどうかがわかるからだという。

「雪崩が起きる所は山の斜面に木がない所です。一度雪崩が起きると、根こそぎ木がもっていかれてハゲ山になる。翌年、少し木が伸びても、また雪崩にもっていかれてしまう。その繰り返しのために木が育たないからなんです。そのために、そこが雪崩の巣になってしまう」（鈴木さんの話）

雪崩が起きる場所は山の頂上や中腹から見ると、木がないために下まで見通せる所だという。い

雪崩の前兆はチシマザサなどが起き上がることでもわかる

かに木が雪崩の抑止力になっているかということがわかる。

木といえば、雪崩の巣のそばに生えている木にはたいてい、雪が落ちていく際につけた傷が木肌に残っている。夏などに山に入ったときに確認してみるとよいだろう。その周りには灌木しか生えていないのがわかる。

吉川さんも木がない所は雪崩の巣だという。

「木がなくなっている所をよく観察していると、チシマザサやボサなどがピンピン跳ね上がるのがわかります。雪が少しずつ下がっていくから、それまで押さえつけられていたチシマザサが起き上がるわけです。そういう所は、ワッパスリ（雪崩）が起きやすいので歩かないようにしている」

また、雪崩が起きやすいかどうかというのは、木もさることながら下方に沢の流れが見えるかどうかでもわかるという。沢の流れが見えると、雪崩が起きる確率が高くなるそうだ。逆にあるはずの沢が見えないと、雪崩が起きづらいと判断するという。それは沢を埋め尽くすほどの雪が下にたまり、上からの雪を押さえる土台になっているからという。

雪崩に遭ったら流れに逆らわずに泳ぐように逃げる

「雪崩が起きるときはヒューッと口笛でも鳴らしたような音が聞こえ、そのあとにゴーッという音がして雪崩が起きる。毎年決まった所でくり返す」(吉川さんの話)

しかし、そういう吉川さんも以前、狩猟中に不意に雪崩に巻き込まれたことがあった。

「いつも歩いている所だったので安心したのかもしれない。しかし、音で自分のいるすぐ上から雪崩がくるのがわかりました。その瞬間、近くの太い木に飛びついていました。木を背負うようにしていると、雪がどんどん私の両脇を流れていくんです。雪の力というのは実に強いもので、太い木も草のように前後に揺れて、生きた心地がしませんでしたよ。あとで調べたら、上のほうで伐採が行われていましてね、雪崩の原因がわかりました。しかし、いずれにしろ木がなかったら、いま頃どうなっていたか。やっぱり木があるというのは何かにつけて役に立つものなんですね」

では雪崩に遭遇したらどのように対処したらよいのだろうか。

雪崩の流れに逆らわずに右斜め下方向に泳ぐようにする

「雪崩に巻き込まれたら、流れに逆らわないことが大切だね。逆らうとどんどん埋没してしまう。流れに逆らわないで右斜めに水泳でもするように泳いでいくといいね。泳いでいるうちに木があったらつかまったり、流れの激しくない所に行きつけるはずだから」

なお、マタギは山のなかでは大きな声を出すことを禁じているが、それは雪崩を誘発しないためでもある。銃の発砲音で雪崩がよく起きることがあるという。

また、雪崩が起きそうな所では離れて歩くのが原則になっている。誰かが雪崩に巻き込まれても、他の人が助けに行くためであるのはいうまでもない。

濃霧で先が見えない、脱出方法は

歩き回らずに行動を停止し、晴れ間を待つのが無難

山が濃霧にすっぽり包まれることは、一年中を通してよくあることだ。そういう状況になると、ひどいときは一メートル先すら見えないこともある。とくに冬山では怖い。夏山だったら地面と空間の違いがわかるが、冬山は視界が真っ白になり、雪面と空間の区別がつかないからだ。そのため雪庇《せっぴ》を踏み抜いて谷底に転落したり、リングワンデルングといって同じ場所で円を描いて彷徨してしまうような結果になる。

マタギは濃霧のときはどのように行動するのだろうか。吉川さんはこう話す。

「これは道に迷わないためにも使える方法だけれど、歩いた山道の周りにある石や木をしっかり覚えておくのです。登山者にいわせれば石や木はどれもこれも同じに見えるというが、しかし、よく見ると全部違います。一つひとつ別々な表情をもっているものなのです」

マタギは石や木を覚え、濃霧に巻かれたらそれを道標にして戻る

その場合に大切なのは、それらの石や木を通り一ぺんに見るのではなく、いろいろな角度から見ることだという。

「歩きながら一度見る。しかし、それだけでは足りなくて、通り過ぎてから振り返ってもう一度見る。そうすると下がってきたときに、ああ、ここにはこんな石や木があったな、とわかるのです」

これさえきちんと実行しておくとどんなに霧が濃くなっても、木を一本一本確認しながら下りていけるし、道に迷うこともないのだという。ちなみに吉川さんは、木の枝ぶりや木の表皮に生えている苔などを瞬時に覚えてしまい、頭にたたき込むというから驚いてしまう。まさに山に生きるマタギならではの術である。

しかし、はたしてこういう術は一般登山者には可能なものだろうか。

「山に慣れた登山者なら可能かもしれないが、初心者はやめたほうが無難。その場で動かないほうがいいでしょう。霧というのは、何時間も続くものではなくやがて晴れるものだから、その晴れ間をねらって行動したらいい」（吉川さんの話）

鈴木さんも濃霧の場合は晴れ間を狙って行動したらよいとすすめる。

「私の経験では霧はどんなに濃くても一日三回は晴れるようです。午前中なら九時から十時にかけて、午後なら十二時と三時前後という具合に」

もっとも場所によっては濃霧が晴れる時間帯にはズレがあるはずだとも。しかし、いずれにしろ濃霧はかならず晴れ間がやってくるという。

歩き回らず体力を温存して待つ

では、濃霧のときはどのようにして待てばよいのだろう。

「濃霧は基本的には細かい水滴だから夏でも結構冷える。ありったけの衣類を着て、その上に雨具を着て濡れないようにするといい」（吉川さんの話）

もちろんその場から動かずじっと座っていることが大切。歩き回ると体力を消耗するばかりでなく道をどんどん見失うことにつながる。

霧は二、三時間もすると晴れる。それをねらって下山する

寒くなったらコンロを出して手を温めるか焚火をする方法（１８６ページ参照）もある。濃霧が晴れたら慌てずに下山し、そして再び濃霧に包まれたら行動を停止する。

積雪期の場合はとくに行動を停止しなければならない。冒頭に紹介したように視界が真っ白（ホワイトアウトという）になり、歩き回って雪庇を踏み抜いたりして遭難につながるからである。

冬山の場合はその場に雪洞を掘ったり、風が吹いてくる方向に雪壁をつくって少しでも風に当たらないようにする。そんなときのために山慣れた人は常にザックのなかにツェルト（簡易テント）を用意してビバークしている。

道に迷ってしまった、不安で仕方ない

マタギは岩や木を道標にするので道に迷わない

登山者が登る山と違って、マタギが入る山には道標がひとつもない。登山者がそんな山に入ったら道に迷ってしまう可能性が高いが、マタギは道に迷うことはないのだろうか。

「マタギは同じ山を何度も歩いているから迷うことはないですね。それもいろんな角度から歩いているから、いまどこをどう歩いているかということがわかるのです」

こういうのは工藤さん。何度も歩いているうちに、頭のなかに地図が描かれてしまっているようだ。とはいっても、慣れ親しんだ山でも、初めて入ったときは不安がつきものだったことは否めない。

「初めてのときは、歩いた道にある岩や草木を必死に覚えたものです。変わった岩、曲がった木などをよく見るとみんな違うんですね」

歩いた道にある岩や木を覚えておくと、道標代わりになる

いわば、自然の造形を道標にしているのである。帰りはそれらを思い出しながら下っていく。人工の道標はときどき壊されたりしていて信用できないこともあるが、天変地異でもない限り、大幅な変化のない岩や木は立派な道標になるのである。ちなみにマタギは、岩や木にあえて目印をつけない。目印をつけるのは「迷いマタギ」といって半人前とみられるのだとか。

一方、吉川さんが道に迷わないように心がけている方法はユニークだ。

「初めて入る山では、周りに見える山のなかで一番高い山を探すんです。そして、その山を歩きながら何度も見ます。そうすると、目印の山の大体の形がつかめます。それさえ覚えておけば、もし道に迷っても稜線から目印の山を見るといま自分がどこにいるかということがわかるのです」

近くの山をひとつの巨大な道標にしてしまう方法である。

なお、マタギは地図を持たない。それは何度も歩いているため自分の足が山を知っているからである。この地図の話で笑い話がある。子どもの頃、吉川さんがよく歩く山の地図を見せられたことがあった。へぇ、これが地図というものかと感心しながら見ていたが、何かおかしい。沢の位置や頂上の場所が違っているのである。そのとき、吉川さんはこう思ったそうだ。

「こんな地図持っていたらかえって遭難する」と。

道に迷ったら谷には下らない

もし、道に迷ったとしたらどのようにしたらよいのだろうか。

「迷ったと思ったら気持ちが落ち着かなくなるので煙草を吸う人だったら、まず、一服して気持ちを落ち着けることだね。それができないとますます道を失ってしまう」(工藤さんの話)

気持ちが落ち着いたら、歩いてきた道をゆっくり引き返してみよう。自分の足跡や歩いてきた景色と違いはないか、記憶を確認しながら着実に歩く。近くに大きな木や岩があったら登って周囲を見回して見るのもよい。意外と近くに登山道を発見できるかもしれない。パニックになり、いたずらに歩き回らないことが大切だ。

周囲の一番高い山の形を覚えておくと、迷ったとき目印になる

正規のルートだと自信がもてる所まで戻ったら、そこで安心しないで地図で自分の位置を確認する。マタギの場合、地図は必要ないかもしれないが、登山者はそのエリアの二万五千分の一の地形図と磁石はかならず持つようにする。

道に迷ったとき絶対にしてはいけないのは、谷に向かって下ることだ。

「疲れてくると、無理に下りたくなるもの。里が近いと思うからだけど、下は沢や崖があって危険なんです。とくに沢は滑りやすいから転落しやすい。道に迷ったと思ったら遠回りになるかもしれないが、常に上、つまり尾根を求めてゆっくり歩くようにするといいね」（吉川さんの場合）

そうすれば、やがて登山道に到達して無事生還できる。あきらめないことが大切だ。

骨折してしまった、適切な処置は

患部を固定するためにヤナギなどの柔らかい木と皮を利用する

山慣れたマタギでも長い間、猟に携わっていると、ねんざをしたり骨折をすることはある。
「それまではゆっくりと歩いているから怪我なんてほとんどしないけれど、熊が出たって声がした途端、みんなが目の色を変えて山を走り回るものだから、なかには浮き石を踏んで転倒したり、古木につまずいた拍子にねんざや骨折した人はいたね」(吉川さんの話)
しかし、そうはいってもめったにいなかったというから、さすがマタギである。マタギはどんなに急いでも、五メートルほど先を常に見ながら歩いている。沢の滑りそうな一枚岩や土砂が崩れそうな場所を察知すると同時に、危険回避の行動を瞬時にとってしまう能力が身についているからだ。よほどの不可抗力でもない限り怪我はしないのである。
その点、登山の初心者は危険予知の訓練があまりされていないから知らず知らずのうちに滑りや

患部に当たる部分を平らにし、皮は水にひたして柔らかくして使う

すい所を歩いたり、浮き石を踏んで怪我をしたりすることが多い。

ベテランの登山者でも怪我をすることもある。その原因としては、皮肉にも危険個所を通り過ぎたあとにほっとして小石につまずいてバランスを失い、滑って転倒したりする。その結果、ねんざ、骨折をするのである。

緊張感をいかに持続させることが大切かということがわかる。

マタギの場合、この緊張感を持続させるためにシカリは気をつかったという。とくに年少者にである。

「危険個所ではあまり注意しないけれど、そういう場所を通り過ぎたあとに限って、咳払いなどをして注意された

ものです」（吉川さんの話）

ようやく危険個所を通り抜けて有頂天になっていた少年期の吉川さんだが、咳払いひとつで再び緊張感が戻ってきたという。こういう実地の積み重ねが危険予知を覚え、ひいては怪我のない山歩きにつながったのだろう。

落ち着いて応急処置をする

ねんざや骨折をした場合はどのような対処をしたらよいのだろうか。

「実際に怪我をした人はかなり興奮するから、落ち着かせることが大切だね。大したことはない、すぐに助けてやるぞといって励ましたりするといい」

それから、ねんざか骨折かを判断する。どちらもかなり痛みはあるが、ねんざは腫れるまで時間がかかり、骨折の場合はすぐに腫れてくる。その違いを見極めて応急処置をする。

まず患部を冷やそう。そばに沢が流れていたら水をかける。ありったけのコッヘルや水筒に水を入れてかける。マタギはフキの葉をコップにして水を飲む（168ページ参照）が、そのコップを氷嚢《ひょうのう》代わりにして患部を冷やすという。

雪があったら利用する。もし、水が水筒にしか入っていないときはタオルを濡らして幹部に当てる。それから患部を固定するためにテーピングをする。そんなときのために、市販されているテー

怪我をしたら全員で山を下る。ひとりでは帰さない

プをザックに入れておくとよい。ないときはマタギ流応急処置をする。

ねんざの場合は、仲間が持っている日本手拭いを出し合って患部を動かないように固定する。手拭いが足りない場合は、ヤマブドウやアケビのツルの皮を水にひたして柔らかくしてから固定する。固いままだと痛いばかりでなく患部の変形を招くことがあるからだ。

骨折の場合はサワグルミやヤナギなどの弾力性のある木を副木にして患部を固定する。その際は幹部に当たる部分が丸いままだと痛いので平らに削る。痛くないばかりか、固定率も高くなる。

なお、マタギはグループのなかでねんざや骨折した人が出ると、猟を中止して全員で山を下る。ひとりでは絶対に帰さない。

雷が鳴った、どう避難すればよいだろう

高い所から低い所へと逃げ、できるだけ体を小さくする

雷というと、夏山に発生するイメージが強い。しかし、マタギは冬や春に行う熊狩りで警戒することに雪崩の次にこの雷をあげている。つまり、雷は夏場だけでなく、冬山でも春山でも発生するものなのである。実際、雷は夏場よりも冬場に多く発生するという統計も出ている。早い話、一年中起こる現象と考えたほうがよいだろう。

マタギの雷に対する反応がその人によって違っておもしろい。たとえば工藤さん。

「雷が鳴ったと思ったら、太くて大きな木のそばの下にいきます。それはなぜかというと、その木は何十年、何百年とそこに雷に打たれずにずうっと立っているのだから、昨日、今日になって雷に打たれるはずはないからです」

そこに木が何十年も無事に立っているから、雷が落ちないという考え方をしている。

頂上にいたら稜線へ、稜線にいたら山麓へと逃げる

鈴木さんは、逆に大きな木からは離れると話す。

「とにかく、大きな木から離れることが大切。高い木ほど雷が落ちる所だからです。離れたら、体を小さくして雷が通過するのを待つ。それしかないですね」

そういうときに銃はどうするのかという質問に鈴木さんはマタギにとって銃は命の次に大切なものだから放り出さずしっかりと持っているという。

興味深いことを話してくれたのは、吉川さん。吉川さんは長年の経験で雷が落ちる所を予測できるそうだ。

「雷が鳴ったときに周辺をじっくり観察していると、ときどき、地面から湯気が上がっていることがあるんです。するとたいてい数分後、その湯気の場所に落雷しましたね。理由はわからないけれど、何度か見たことがありました。落雷する前に雷から何らかの熱線が放射されているのかもしれない……」

できるだけ標高を下げ、体を小さくする

では、実際問題として雷が鳴ったらどのように避難したらよいものなのだろうか。

まず、雷が鳴るときはたいてい急に曇って周辺が暗くなる。入道雲（積乱雲）が発生して周辺を覆っているためである。髪の毛が逆立ったり、ラジオに雑音が入るようになる。そうなったらすでに危険区域に入っているのでできるだけ早めに標高を下げる。

それはなぜかというと、雷は標高が低い所よりも高い所に落ちやすいからだ。頂上にいたら尾根筋へ、尾根筋にいたら山麓へという具合にする。

その際大切なのは、姿勢をできるだけ低くしながら歩くかあるいは待避すること。雷は標高の高さもさることながら、平坦な所よりも頂上や岩など突出している所に落ちやすいからだ。人間も立って歩いていると物として雷の標的になってしまう。

高い木も同じである。工藤さんが古い木は落雷しないといいえて妙なことを語ってくれたが、突出した部分になるので避けたい避難場所である。

身の回りに金属類があったら外しておくことも忘れてはならない。

体をなるべく小さくして突出しない。金属類を外すのも大切

最近では金属類を外すよりも姿勢を低くし、突出しないほうが効果的だといわれている。しかし、相変わらず、眼鏡のふちやベルトのバックルなどの金属類に落雷して死亡する例が後を絶たないので外したほうがよいだろう。

外した金属類は散乱しないようにビニール袋などに入れて岩陰や草むらに置く。

なお、雷が発生しやすい時間帯は、午後二時以降が多いといわれている。雷を避けるためにも登山の原則である「早立ち、早着き」をきちんと守り、午後二時頃までには山小屋やテント場に着くようにしたい。標高が高い山ほど山小屋に早く着くようにしたい。

足にマメができた、足がつった。痛くてたまらない

マメは靴の選び方で軽減され、足がつるのは塩分と保温で緩和される

足にマメができるのはよくあること。とくに踵や指のつけ根などである。経験したことがある人ならわかると思うが、最初は我慢して歩けるが、ひどくなると一歩も歩けなくなる。患部を見ると、よく歩いてきたと思うような水膨れができていたり、破けていることがある。

マタギだったらこういうときどのような対処をするのだろう。

「猟の最中はかまっている暇がないのでほったらかしておくけれど、時間があるときは焼いた針でマメに穴を開ける。そしてなかの水をしぼり出して、消毒薬があればそれをつける。それで終わり。痛くても我慢する」（吉川さんの話）

マメができてもほったらかしておく、というのは猟のときだから例外として、マメができたら吉川さんのようにつぶすのがよいようだ。

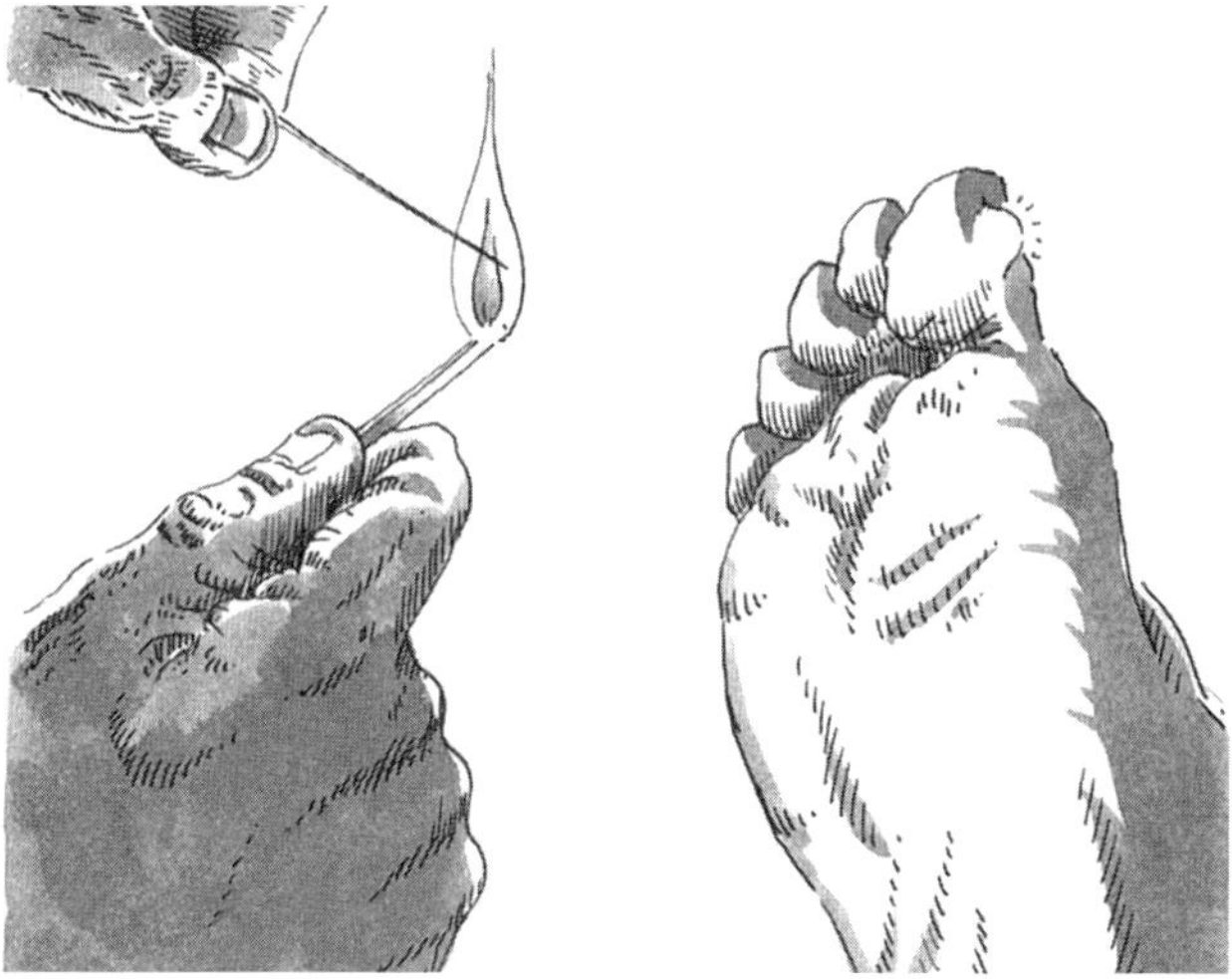
マメができたら早めに焼いた針で穴を開けて治療する

しかし、それ以上に大切なのは、マメができないようにすることだ。

「登山者は急いで歩くからできやすいのだと思う。もっとゆっくり歩くといい。そして何度も休む。これはマメをつくらないことにもつながる」

適度に休むことによって足と靴の摩擦を少しでも軽減させるということなのだろう。

もちろん靴自体の不都合からもマメはできる。その悪い例が足に合わない靴を履くため。

ある登山用品専門店の店長はこういう。

「日本人の足は幅が広い。輸入物の靴は幅が狭いから履いても無理が出ます。マメができる原因です。オシャレより履き心地を大切にしたいですね」

靴を購入する際のコツを教えてもらった。

「靴は夕方に買うのがいいというのはウソ。いつだっていい。ただし、厚手の靴下を一枚履いて踵の部分に人さし指が一本入る余裕がないとだめです。そして、両方の靴を履いて店内をじっくり歩いてみます。それで履き心地がよかったら買うといいですね」

歩くといえば、購入したての靴をそのまま山で履かないようにするのも大事だという。散歩がてら家の近所を歩くと靴に足が馴染んでマメができないという。もし、歩いていて具合が悪かったら、その部分に石鹸を塗って滑りをよくするか購入した店へ行って修理してもらう。そのためにも靴は専門店で購入する。季節によって品物が変わるような店だと対応できないからだ。

マメは靴を購入するときの注意でかなり軽減されるのである。

足がつるのは、冷えと塩分不足から

山を歩いていて足がつるのも耐え難いことのひとつ。コムラガエリと呼ばれる足の痙攣《けいれん》である。人によって違うが、足がつった途端に激しい痛みに襲われ、三〇分ほども行動がストップしてしまう。これからどうなるのだろうと思うと、精神的負担もかなり大きくなる。

このコムラガエリの原因はやはり、ふだん使わない筋肉の酷使ということがあげられる。

「ふだん歩かないのに山に入った途端ガンガン歩くからなる。歩くとしてもゆっくり歩いたほうがいい。マイペースで」(吉川さんの話)

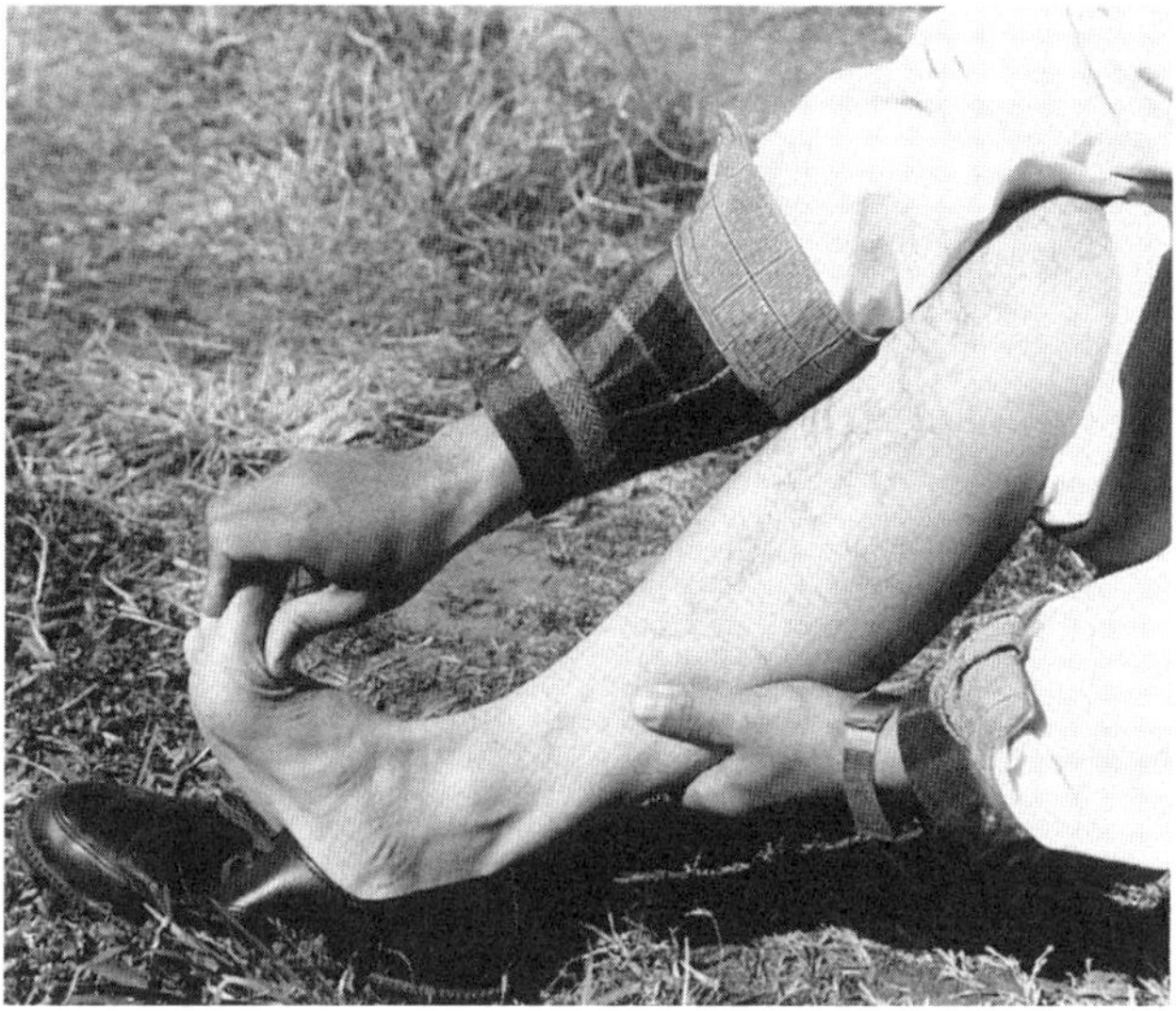

足がつったら筋をゆっくりマッサージする

コムラガエリは塩分の不足や冷えからくるとも話す。そのため吉川さんは日頃、塩分を摂るためにお握りに塩鮭を入れる。また、足を冷やさないように夏でも長ズボンを手放さない。半ズボンは冷えるばかりでなく怪我もしやすいので、はかないほうがよいそうだ。

もしコムラガエリになったら、ありったけの衣類をかけて暖かくする。それから足の親指を甲のほうに強く引いたり、筋肉の張った所を根気よくマッサージする。

なかなか治らないからといって、立ち上がったりしないようにする。コムラガエリは連鎖反応を起こして、他の筋肉まで痙攣を起こすことがあるからだ。

体験できるマタギツアー

現在、マタギで生活をしている人は誰ひとりとしていないが、かつてマタギをしていた人あるいはその系譜を引く人たちが山を案内し、猟の話をはじめマタギの生活、山の歩き方などを紹介する「マタギツアー」がある。大きく分けると次の三カ所だ。

●「あじがさわ白神山地ガイド倶楽部」。二〇〇四年四月に設立された。本書にも登場した赤石マタギ二一代目の吉川隆さん（写真）が会長をつとめ、一六人のガイドで始まった。

白神山地を舞台に一時間コースの「くろくまの滝」を始め、「然ヶ岳」（四時間コース）、「天狗岳」（八時間コース）など様々なコースがあり、自分の実力に合わせたコースを選べる。参加者は一グループ一〇人以内と限定している。開催は四月中旬頃から一〇月末。問い合わせは☎０１７３（72）２１１１（鰺ケ沢町役場政策推進課観光商工班）。

●「白神マタギ舎」。目屋マタギの工藤光治さんが中心になって二〇〇〇年に結成した。暗門の滝、津軽峠周辺など初心者から楽しめるコースをはじめマタギしか知らない場所にも案内する。また、春は採集した山菜をマタギ小屋で調理して味わうことなどもする。一二月以外年間を通して開催する。問い合わせは☎０１７２（85）２６２８。

●「マタギ学校」。本書156ページのマタギ資料館で紹介した打当温泉「マタギの湯」にある学校。マタギ経験者が真冬にカンジキを履いて雪山を歩くなどの指導をしてくれる。

あとがき

以前、マタギと山を歩いたときの驚きをいまでも忘れられません。歩き方はもちろん休み方、食事の仕方から火の焚き方まで、つまり何から何まで教えられることばかりでした。無駄がなく、また、樹木や植物に対する造詣の深さ、そして、それらを誰よりも守ろうとしている真摯な態度には感銘を覚えるほどでした。そこには本当の山登りの姿がありました。

その点、私は山は好きですが、本当は山のことなんか何も知らないことがわかったものです。マタギに比べるとあまりにも地に足が着いていない歩き方をしている。グッズがどうの服装がどうのと、ファッションばかり気にしている自分が情けなかった。一切合切無駄な物をはぎ取った末にまだ山を好きだといえるかどうか。もちろん山を好きな以上は山を好きだといい続けていたい。私は銃を持たないマタギになりたいと思ったものです。

そこで私は少しでもマタギの山での生き方に近づくためにマタギに教えを乞いました。本書に登場していただいた吉川さんをはじめマタギの皆さんにしつこく聞いて回りました。そのために何度か青森や秋田を訪れました。さぞ煩わしく思われたことでしょう。

しかし、聞けば聞くほど本物の山登りはこうするべきだ、ああするべきだと肌で実感することばかり。実に勉強になり、思い切って飛び込んでよかったと思っています。古いけれど、新しい山との付き合い方は、私にとってまさに温故知新といったところでした。

本書はそんなマタギの知恵を少しでも登山者の皆さんに紹介したいと思って書き連ねたものです。山の歩き方や山で困ったときにきっと役に立つことができると思っています。参考にしていただければこれ以上幸いなことはありません。

二〇二〇年一〇月　　工藤隆雄

『マタギに学ぶ登山技術』を書くにあたり次の方ほか多くの方々のご協力を受けました。感謝いたします。

吉川隆さん（青森県西津軽郡鰺ケ沢町）、工藤光治さん（青森県中津軽郡西目屋村）、鈴木松治さん（秋田県北秋田市）。青森県の矢川健さんからは熊の解体ほか貴重な写真を提供していただきました。

また、国内の植物を研究されマタギにも詳しい元弘前大学教授の牧田肇さんに本書の監修をしていただきました。ご協力ありがとうございました。

＊この本は2008年に刊行されたヤマケイ山学選書『マタギに学ぶ登山技術』を底本とし、最新の情報を盛り込んで再編集されたものです。
＊可能な限り権利者の許諾を得るようにつとめましたが見つかりませんでした。判明いたしました場合、小社実用図書出版部までお知らせいただけましたら幸いです。

工藤隆雄（くどう たかお）

1953年、青森市生まれ。大学卒業後、出版社勤務を経て、新聞・雑誌を舞台に執筆活動を展開。毎日児童小説優秀作品賞、盲導犬サーブ記念文学賞大賞等を受賞。著書に、『富士を見る山歩き』『続・富士を見る山歩き』『富士を見ながら登る山36』（小学館）、『山歩きのオキテ』『富士山のオキテ』（新潮社）、『マタギ奇談』『定本　山のミステリー　異界としての山』『新編　山小屋主人の炉端話』（山と溪谷社）等がある。日本大学芸術学部文芸学科講師（ノンフィクション論等）。

マタギに学ぶ登山技術　YS055

2020年12月1日　初版第1刷発行
2023年6月10日　初版第3刷発行

著　者　工藤隆雄
発行人　川崎深雪
発行所　株式会社　山と溪谷社
〒101-0051
東京都千代田区神田神保町1丁目105番地
https://www.yamakei.co.jp/
■乱丁・落丁、及び内容に関するお問合せ先
山と溪谷社自動応答サービス
電話　03-6744-1900　受付時間／11時～16時（土日、祝日を除く）
メールもご利用ください。
【乱丁・落丁】service@yamakei.co.jp　【内容】info@yamakei.co.jp
■書店・取次様からのご注文先
山と溪谷社受注センター
電話　048-458-3455／ファクス　048-421-0513
■書店・取次様からのご注文以外のお問合せ先
eigyo@yamakei.co.jp
印刷・製本　図書印刷株式会社

定価はカバーに表示してあります。

Printed in Japan ISBN978-4-635-51070-7